贵州体育旅游系列丛书

骑行贵州

贵州省体育局/编

九州出版社
JIUZHOUPRESS

图书在版编目（CIP）数据

骑行贵州 / 贵州省体育局编. —北京：九州出版社，2022.5

ISBN 978-7-5225-0941-9

Ⅰ.①骑…　Ⅱ.①贵…　Ⅲ.①体育－旅游业发展－研究－贵州　Ⅳ.①F592.3

中国版本图书馆CIP数据核字（2022）第079947号

骑行贵州

作　　者	贵州省体育局　编
责任编辑	安　安
出版发行	九州出版社
地　　址	北京市西城区阜外大街甲35号（100037）
发行电话	（010）68992190/3/5/6
网　　址	www.jiuzhoupress.com
印　　刷	炫彩（天津）印刷有限责任公司
开　　本	889毫米×1194毫米　32开
印　　张	13
字　　数	340千字
版　　次	2022年5月第1版
印　　次	2022年5月第1次印刷
书　　号	ISBN 978-7-5225-0941-9
定　　价	98.00元

《骑行贵州》编委会

总策划　吴　涛

主　任　王华平　牟　勇　肖　俊

副主任　匡正志　向文明

编　委　陈思齐　杨迪茜　郑　跃　邓义婷　钟　胜　张云霞　黄　迅

承　办　贵州省体育经济发展中心

　　　　贵州省山地户外运动管理中心

　　　　贵州体育旅游研究院

《骑行贵州》编辑部

主　　编　匡正志　陈　俊

执行主编　向文明　李　楠

副主编　李　棋　赵　谦

整体设计　赵　谦

撰　　稿　辉　辉　曾　瑶　李　南　王　斌　项　祥　王　俭　吴　宇
甘发文　邹　昆　杨春政　陈万伟　徐佳玥　田　俊　陈　正
田　蕾　宋永霞　谭　峰　张　婧　老王爱骑游

图　　片　曾　瑶　刘启钧　刘先诚　周元杰　朱世宇　陆正虎　李　南
王　斌　项　祥　王　俭　吴　宇　甘发文　邹　昆　杨春政
陈万伟　徐佳玥　田　俊　陈　正　田　蕾　宋永霞　龚家华
谭　峰　张　婧　罗冠宇　李正伦　刘晓武　林　剑　姜子蒙
老　法　杨再黔　刘　啸　老王爱骑游

特别致谢　铜仁市文体广电旅游局、赤水市文体旅游局、百里杜鹃文广
局、安顺市西秀区文广局、贵州陆正虎文化传播有限公司、
贵州山地自行车队、帕拉丁骑行俱乐部、凯里市自行车运动
协会、石阡县自行车运动协会、贵州省108车队、铜仁自行
车运动协会、玉屏侗族自治县自行车运动协会、贵州工业职
业技术学院山地自行车队、开阳村长户外俱乐部、遵义市自
行车运动协会、智骑翔摩托车体验店（师大店）、镇远县自
行车运动协会、福泉自行车协会、Seers(西尔士)俱乐部、
贵州骏驰国际赛车场、铜仁摄协

推荐语——

骑行贵州的乐趣很多，沿途景色真的很美很养眼，但爬坡也绝对够虐够酸爽。

——骑行爱好者

赤水河154千米自行车道非常不错，兴义万峰林至泥凼兴隆堡风景独特。

——觉悟

贵州已实现"乡乡通油路""村村通公路"，骑行在贵州大山深处，享受大山里的乐趣，感受大山里的美景，很棒。

——前村旅行

高坡云顶大草原和龙里大草原地貌开阔；龙架山森林公园地形跌宕起伏是个越野圣地；鱼洞峡有大湖与水坝；青岩古镇可体验古城人文风土；花溪十里河滩空气良好顺道休闲。

——Panda Lee

贵州骑行的主要特点是：红色旅游景点多，历史文化厚重，地形奇异，风景秀美，特别是西部开发后，贵州的道路有了飞速的发展。

——李毅光

贵州特色很多，每个城市都有不同的味道。喜欢用骑行的方式去体验这种独特。

——骑行爱好者

前　言

　　多彩贵州，拥有千姿百态的自然风貌和古朴浓郁的少数民族人文景观，被誉为"人类疲惫心灵的最后家园"，是世界十大"返璞归真，回归自然"旅游目的地首选地之一，"孤独星球"评选的世界最佳旅行目的地之一，体验独特的山地美景和醉美的民族风情，骑行是您最佳的选择。

　　骑行是以自行车为主的户外体育旅游活动，运动量大、低碳环保，强调体验感。步入新时代，人民日益增长的美好生活需要驱动着旅游和体育的深度融合，骑行逐渐专业化、组织化、产业化，成为极具运动感和体验感的现代户外运动方式之一。

　　近年来，贵州围绕"四新"主攻"四化"，以创建国家体育旅游示范区为契机，打造国际一流山地旅游目的地，建设山地民族特色体育强省，穿梭在黔山贵水中的骑行正是贵州体育旅游的特色项目之一。赤水河谷骑行线、红枫湖环湖骑行线、百里杜鹃骑行线等独具特色的骑行线路吸引了国内外的骑行爱好者，沿途设置了驿站、补给站等配套设施，提供自行车租赁、维修、存放等一站式服务。国家级体育旅游精品赛事"多彩贵州"自行车联赛、环梵净山国际公路自行车赛、"全景贵州"国际公路自行车赛等赛事的持续举办则让贵州成为骑行爱好者的圣地。

　　作为首批全国体育旅游示范区，骑行正当时，《骑行贵州》应时而生。本书是贵州体育旅游系列丛书之一，书中系统全面梳理了贵州骑行旅游线路、骑行赛事及骑行爱好者的实地经历与体验；图文并茂地展示了贵州独特的山地特色骑行文化，是体验贵州骑行的必备攻略，让尚未来过贵州或希望再来贵州的您走进贵州，骑行在高山绿水间，感受贵州的美好和爽憩！

　　我们期待您的到来，你们的加入让《骑行贵州》更精彩！

骑行贵州
CYCLING GUIZHOU

遵义市
铜仁市
毕节市
贵阳市
黔东南苗族侗族自治州
六盘水市
安顺市
黔南布依族苗族自治州
黔西南布依族苗族自治州

目录
Contents

下篇 / 醉美贵州景·路书伴你行

上篇

◆

多彩贵州风·骑行正当时

◆

　　骑行是在体验一种经历，是一种心情，是一种生活的态度或是一种人生的追求。喜欢在路上前行的感觉，喜欢微风轻拂脸颊的感觉，喜欢阳光带走体内汗水的感觉。在空旷望不到头的路上骑行，自由自在地骑行，想停就停，想走就走。向着目标前进。不在乎旅行的终点，在乎的是沿途的风景和欣赏风景的心情。这是一种完全融入大自然的旅行方式，最真实的自由感觉。

——开阳村长户外俱乐部

刘先诚／供图

贵州省交通布局示意图及部

推荐骑行景区: 赤水风景名胜区
坐标: 赤水市

赤水风景名胜区拥有全国第一条河谷旅游
公路,第一条服务完善的快慢综合交通旅
游廊道、赤水河谷绝对是"醉美贵州"首屈
一指的骑行目的地。

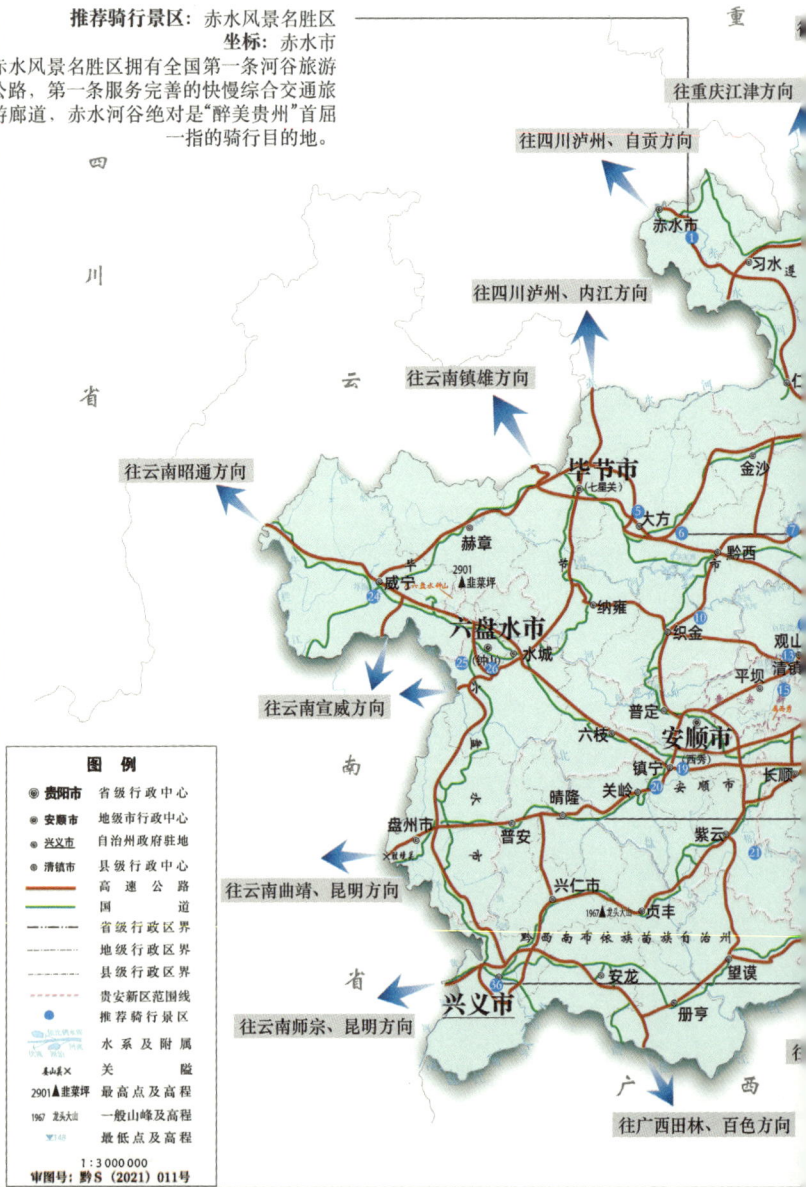

四
川
省

云

南

省

往重庆江津方向

往四川泸州、自贡方向

往四川泸州、内江方向

往云南镇雄方向

往云南昭通方向

往云南宣威方向

往云南曲靖、昆明方向

往云南师宗、昆明方向

往广西田林、百色方向

赤水市

习水

毕节市
(七星关)

金沙

大方

黔西

赫章

2901 ▲韭菜坪

威宁

纳雅

织金

六盘水市
(钟山)

水城

观山

平坝

普定

安顺市

六枝

镇宁

关岭

长

晴隆

盘州市

普安

紫云

兴仁市

1967 ▲龙头大山

贞丰

黔南布依族苗族自治州

黔西南布依族苗族自治州

兴义市

安龙

望谟

册亨

重

广   西

图 例

◎贵阳市		省级行政中心
⊛安顺市		地级市行政中心
⊙兴义市		自治州政府驻地
◉清镇市		县级行政中心
		高速公路
		国道
		省级行政区界
		地级行政区界
		县级行政区界
		贵安新区范围线
●		推荐骑行景区
		水系及附属
		关隘
2901▲韭菜坪		最高点及高程
1967 龙头大山		一般山峰及高程
▼148		最低点及高程

1:3 000 000
审图号:黔S (2021) 011号

第一章
骑行文化概述

黑豹／供图

第一节

认识骑行

骑行，是将自行车与健身和旅游结合在一起的休闲活动，是人们追求自由、健康、亲近大自然的最佳旅游方式。

　　近年来，骑行在全国各个城市兴起，越来越多的人加入其中，形成庞大的骑行族，自行车由原来的代步工具变成一项时尚运动。

　　这与目前生活质量的提升，人们对健康越来越重视，旅游方式越来越个性化，环保意识越来越强等诸多因素分不开。

　　骑行者远离城市喧嚣，远离商业化社会带给人的浮躁，选择面对骑行路上的各种挑战与收获，这不仅是一种生活方式的改变，而是生活的一种态度，也可以说是精神世界的一种升华。

　　可以预见，一座城市，会因骑行运动的风靡而变得更加文明、时尚，令人自豪。

第二节
骑行运动的由来

骑行这项时尚运动究竟是怎么来的呢？

从世界范围看，自行车发展到今天已经有200多年历史了，随着自行车的诞生也兴起了自行车运动。

1868年在法国举行了世界上首次自行车比赛，赛程为两千米，1896年第一届奥运会上，自行车项目就被列入正式比赛项目。

在各种运动赛事中，尤以行程3900千米的环法自行车大赛最为著名，它是世界影响最广、规模最大、比赛水平最高的自行车比赛，环意大利赛和环西班牙赛次之。骑行、跑步、滑雪在国外是三大户外运动，参与人群非常多。

姜子蒙／供图

从世界范围来看，公路自行车运动从20世纪初开始发展，山地自行车运动从20世纪70年代开始普及。

中国曾被称为"自行车王国"，在自行车开始普及的20世纪六七十年代，它是主要的交通工具，随着经济发展，机动车大增，城市道路变得拥挤，骑行空间被挤占，不安全因素增多，骑车的人数逐渐下降，自行车渐渐被私家轿车和公共交通工具所取代。

当城市汽车保有量达到一定程度后，城市空气质量下降，人们因缺乏足够的运动量造成健康不佳，城市生活带来的压力增加。

伴随着社会文明程度的提升，人们健康和环保意识的增强，沉寂多年的自行车又重新回归到我们的生活中来。

杨再黔／供图

从2000年开始，自行车运动扮演的角色逐渐发生变化，成为继跑步及健身之后的高频运动方式，这样的转变源自自行车的换代升级和运动方式的改变，过去以代步为主的自行车，外形笨重，设计简单，功能单一，价格便宜。如今的新型自行车种类多，功能齐全，性能好，外形美观时尚，重量轻。

骑车不仅仅是运动健身，还与休闲旅游相结合，满足"快"行"慢"游的愿望和要求。

近年来，全国各地的自行车赛事也随着骑行热度的增加渐渐升温，很多赛事坚持专业带动业余，业余带动全民的理念，推出适合骑行的旅游线路，把极限单车表演、民俗表演、啦啦队表演等活动设置进去，极力推动全民健身，提高地方旅游知名度。

在比赛线路设计上，尽可能把赛事举办地的最美景色、民族特色和人文风情串联在一起。

由于自行车比赛时间长、路线长，在展示城市魅力的宣传时间上持久，效果远比马拉松好，有很多城市已经把自行车赛事打造成骑行者必去的年度盛会，中国每年大大小小的自行车比赛已超两千多项。

据有关部门的不完全统计，近年来，国内爱好骑行的人群以每年25%～30%的速度增长。中国的骑行人口近1500万，与人口总数相比，所占比率远低于欧美发达国家。在美国，骑行人口占到总人口的6%，在法国，占到了20%，荷兰骑行人口则达到了100%。在中国，自行车运动还有非常大的发展空间。

李南／供图

李南／供图

第三节

悄然兴起的骑行文化

龚家华／供图

文化是指人们在社会化进程中所创造的物质财富与精神财富的总和。在骑行视域下，文化是由骑行人创造的，是由所骑之物作为纽带联系起来的一种社会关系下的产物或社会关系的反映。也就是说，骑行文化是骑行爱好者因参与骑行活动形成的节能环保、低碳出行、强身健体、休闲旅游等共同理念、意识和习惯的总称。可以说，是骑行群体主观能动的作用推动了骑行文化的产生。

据权威部门发表的数据表明，2019年我国国内生产总值占世界经济的比重已超过16%，稳居世界第二，超过分列世界第三到第五位的日本、德国和英国的总和，与世界第一美国的差距逐步缩小。2019年我国人均GDP已经接近高收入国家人均国民总收入12375美元的门槛，达到1万美元。经济的快速发展，让人民群众的生活水平得到提高，消费能力和消费水平随之提升。在经济快速发展的同时，城市化进程速度随之加快，机动化水平也得到明显提高，不断刺激着居民购买私家机动车的欲望增强，人们争相购买轿车用来作为代步的交通工具，同时也彰显自己的身份地位。然而，体重超重、体质虚弱等亚健康现象也随之在开车族中蔓延开来。随着机动车出行量的增长，导致交通运输业的能源消耗和二氧化碳排放量在所有产业部门中位于前列，导致城市空气质量下降，雾霾严重，这个时候，低碳交通的概念产生。近年来国家开始日益关注自行车骑行这一出行方式。早在2013年9月15日，住建部、发改委、财政部就联合发文，要求新建或改扩建的城市主干道、次干道必须设置自行车道。除此之外，还对市区人口在1000万人以上的城市的步行和自行车出行分担率作了达到45%以上的明确要求，并推广共享单车的使用，让共享单车着实火了一把，也由此激发起一部分人开始体验骑行带来的不一样感受，但是由于共享单车的功能较单一，只能满足代步需求，又因一些道路交通状况还不能确保骑行人的安全，无法达到广泛影响力，无法达到更高境界的骑行文化氛围。

为了推行绿色出行，减少碳排放，国内很多城市除了在市中心区改建慢行系统外，还在城郊或旅游景区根据地形地势特点，打造适合大众骑行的休闲车道、自行车主题公园或旅游公路。

给一个骑行贵州的理由？

骑行贵州需要理由吗？需要吗？

好吧，如果真的需要，那就说说。

骑行贵州的理由

一句话概括：倘若你真的爱骑行，那么你必须来贵州，因为这里的山、这里的洞、这里的桥、这里的路、这里的坡、这里的景，还有这里的人，都值得你靠近、亲近。

老法／供图

在这里，你可以领略到前所未有的体验感、愉悦感、成就感。

被贵州人亲切地称呼为"老法"的法国极限运动BMX（小轮车）冠军兼教练Frederic Moal（弗雷德里克·摩尔）的故事就是一个典型例子。

因为看中贵州独特的优势资源和发展潜力，2015年老法选择了退役并在中国创建了贵州婧翔体育旅游文化传播有限公司。利用自身资源优势，截至目前，老法不仅带队成功在贵州举办了国际山地自行车邀请赛，还在贵州台江修筑了登山健身步道。

在接受采访时，老法直言："贵州很适合发展Xcity项目，有很多得天独厚的自然资源，想把贵州打造成为中国最知名的体育旅游胜地。"

连外国人都爱的贵州骑行之旅，咱们本地人更是爱得深沉。推荐骑行贵州的理由，看看下面这几位资深人士怎么说——

老法／供图

老法／供图

本地资深骑友的
推荐

林剑／供图

推荐人：
陆正虎（贵州陆正虎文化传播有限公司董事长）

骑行时长：
10 年 +

推荐理由：
在贵州可以挑战不一样的山地公园

　　成功从山地自行车运动员进阶为赛事品牌创始人的陆正虎和自行车打交道已经超过十年。在他眼中，贵州是自己职业生涯开始的地方，也是走向灿烂辉煌的地方，所以，对于骑行贵州，有着深深的眷恋。

　　当被问到为什么要骑行贵州时，陆正虎这样说：

　　如果你想拥有不一样的骑行体验，如果你想感受丰富多彩的民族文化，如果你想品尝各式各样的黔味美食，如果你想探秘这个传说中的夜郎国度……

　　欢迎你来到贵州骑行。

　　在这里，你可以挑战不一样的山地公园，可以在森林氧吧中飞驰穿梭，可以在喀斯特地貌的美景中打卡，也可以在变化莫测的雨雾中慢行……

　　这里是爽爽的贵阳，骑友的营地，多彩贵州风，乐在骑行中！

　　我，在贵州等你，一起畅享骑行的乐趣。

　　你，准备好了吗？

——陆正虎

推荐人：
**李南（贵州帕拉丁骑行俱乐部
负责人）**

骑行时长：
10 年 +

推荐理由：
**不同季节不同景致，这样的贵州
不香吗？**

作为贵阳骑行圈内赫赫有名的帕拉丁俱乐部的负责人，李南对骑行的爱之深，一般人很难想象。朋友圈里，记录的不是自己骑行的点滴，就是其他人骑行的故事，这其中，骑行贵州占了很大篇幅。

"贵州真的太值得骑行了！"说这话时，李南的语气、语调明显变得激昂。

县县通高速、春天赏花游、夏天避暑游……盘点起骑行贵州的优势和乐趣，李南根本停不下来。

自从开始骑行，李南似乎就没停过。虽然贵州的村村寨寨几乎都早已走遍，但再次踏上那条熟悉的路时，还是会有不同的感受。

当被问到为什么骑了那么多年，还是如此兴趣盎然时，李南这样说：

> 贵州海拔适宜，气候宜人，这里有峡谷、高山、草原，如果你想要挑战，一路向西，道路起伏大，有挑战性，现在贵州村村通、组组通，随便一条骑行路的路况都不错。
>
> 除了看景，通过骑行还能接触到更深层次的东西，因为骑行可以走乡道、村道，可以深入当地人的生活中，直接参与体验。
>
> 通过骑行还能体验贵州的便捷。以前我们是自驾到了目的地后开始骑车，现在直接把自行车发快递到目的地，然后我们坐高铁过去，更方便。
>
> 欢迎有兴趣的朋友加入我们的队伍，大家一起骑行贵州！
>
> ——李南

推荐人：
徐佳玥（智骑翔摩托车体验店（师大店）负责人）

骑行时长：
10 年 +

推荐理由：
骑行，是治愈之旅，骑行贵州，尤甚！

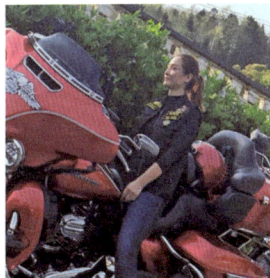

受哥哥的影响，徐佳玥读书的时候就已经对摩托车产生了浓厚兴趣。不仅喜欢排气管的轰鸣声，还尤其钟情体型大、线条明显的大型摩托车。自从2018年将出行工具由四轮换成两轮后，徐佳玥也把骑行计划密集地安排上了。

骑行贵州自然是首选。近的、远的，地图摊开，贵州已经走遍。不光自己走，还带人走，乐趣多，故事也不少。

开心要骑，不开心更要骑。在徐佳玥看来，骑行是一趟治愈之旅。

当被要求给大家推荐最值得骑行的贵州目的地时，徐佳玥这样说：

整个贵州都值得推荐，有很多骑友喜欢的弯道、林荫小道，贵州有优势、哪哪都是阳光绿树，如果非要说具体的目的地，最值得推荐的是铜仁梵净山，兴义的万峰林、万峰湖也值得跑跑。

贵州骑行环境很好，这几年摩托车骑行发展的趋势越来越好，有车友来贵州一点也不用担心没地方去，跑山随便跑，上个高坡都能让外地车友惊讶，可想而知咱们的优势。现在"山地英雄会"也落户贵州了，更是充分说明贵州的实力。总而言之，贵州基本没什么雷区，都挺值得骑行的，有时间就出发吧！

——徐佳玥

推荐人：
冉立（贵州资深骑友）

骑行时长：
30 年 +

推荐理由：
骑行能领略到不同的自然的、
人文的东西

因为一部电影从此和骑行结下不解之缘，转眼间三十多年过去，每每提到骑行，冉立还是一副兴趣盎然的模样。

"1988年看了一部澳大利亚的电影《少年擒寇记》，就喜欢上单车了，在父母的资助下花350块买了一辆BMX自行车，拿到车就开始找开阔的地方练车，有时还去周边农村山路骑……"对于骑行的最初时光，冉立至今记忆犹新。

在拥有了第一辆自行车之后的第四年，冉立也正式开启骑行之旅。

那是1992年。因为已经工作有收入了，又恰逢安顺举办旅游节和瀑布节，冉立如愿完成了第一次长途骑行——从贵阳到黄果树瀑布。

随着技术越来越娴熟、经验越来越老道，冉立的骑行之旅也愈加精彩。不过，在内心里，冉立觉得最有意义的骑行当属2005年从贵阳到晴隆那次。

"因为那一年是抗日战争和世界反法西斯战争胜利60周年，晴隆的二十四道拐很有历史意义，那里搞庆典，我去参加了。从贵阳骑行到晴隆，途径北盘江老桥，那里也算历史见证吧。"

晴隆行，冉立整整计划了一年。33岁，独自一人，追寻历史的车轮。

"骑行对我来说最大的感受就是能领略不同的自然的、人文的东西。"再有一年就将迈入五十而知天命的年纪，冉立的心态一如十六七岁一样，充满激情。这点从社交账号里即可窥一二。视频号里不少与骑行有关的内容，朋友圈里更是。贵阳首届城市/商场速降赛，他接连发了两条相关的朋友圈，前后间隔一分钟，然而当天冉立未能亲临现场。

推荐人：
姜子蒙
骑行时长：
10 年 +

推荐理由：
贵阳基础设施比较齐全，攀爬也很有趣

作为典型的Z时代（即1996年到2010年间出生的一代人）新人类，生于2001年的姜子蒙确实配得起酷帅二字。

180cm+的身高，自然扎起的马尾，戴着眼镜乍一看斯斯文文，谁曾想玩起攀爬那叫一个溜。田野边、广场上、森林里，有空地、台阶的地方，都是姜子蒙的表演场地，当然，那些专业的泵道更不在话下。

定车转体、侧跳、踩跳、干拔、下高……统统一气呵成，某视频网站的个人频道里，一条日常练习的片段集锦惹得弹幕上羡慕声一片。

"贵阳比较出名的几条骑行路线就是森林公园、偏坡、大学城、清镇这些。贵阳的攀爬设施比较齐全，泵道有三个，攀爬场地也有三个。所以找玩的地方是不缺的。"在姜子蒙看来，骑行贵州不止游山玩水一种选择，攀爬是另一种体验，同样充满挑战，同样需要做很多前期准备，同样乐趣满满。

姜子蒙/供图

外地网友的

骑行体会

林剑／供图

网友老王爱骑游/供图

网友老王爱骑游

　　大家都知道"蜀道难，难于上青天"，我没去过四川，不知道蜀道有多难，但是只经过短短的三天，我想说其实黔道也很难。贵州八山一水一分田，都说是"地无三尺平"，我亲身体验到了贵州道路的崎岖不平，贵州的山路给了我一个下马威。可以肯定的是，贵州的县道修建得很漂亮。波阳十九湾令我印象深刻，骑行多年来，也走过比这条路更弯的路段，但却是第一次可以毫无遮拦看到这么多层弯道，第一次可以看到轨迹。这是视觉盛宴，冲击着我，有点幸福的感觉，前面遭受的磨难，这一刻化为虚无，值了。

　　贵州的桥也是一大亮点。贵州桥梁包括了梁桥、拱桥、悬索桥、斜拉桥等桥梁结构，几乎包揽了当今世界上的全部桥型。这些桥，也成就了贵州桥梁在世界的地位。"桥梁博物馆"的美誉可谓实至名归了！

　　坝陵河大桥，是世界排名第十的高桥，而排名第一的是杭瑞高速贵州境毕节至都格段北盘江大桥，坐落于云南宣威与贵州水城交界处，桥面到谷底垂直高度565米。我到时正好是傍晚，大桥隐现在峡谷的云雾中，增添了一丝神秘的色彩。这里还有世界上最高的商业蹦极设施，想想在云雾中蹦极，会是什么感受？

网友明月清风_i

贵州的大山，重重叠叠、巍耸入云；贵州的森林，幽深茂密、无边无际。

黔东南是被联合国确定的全球"回归自然、返璞归真"十个圣地之一，是全国苗、侗族人民聚居最多的地区，是公认的"世界上最大的民族博物馆"。

正所谓"十里不同风，百里不同俗"，由于地域性的生产习俗与民族宗教信仰的不同，使这块神秘的土地成为中国民族节日最多的地区。而这里的一山一水、一草一木无不体现出大自然神奇的造化和这一特定地域的钟灵毓秀。

正是基于这些原因，骑行黔东南，是骑行生涯中不可不去完成的旅程。

网友明月清风_i／供图

网友明月清风_i／供图

网友明月清风_i／供图

打带河天坑群距离平塘县塘边镇18千米，天坑深543.2米，南北走向长度约1800米，东西走向长度约1700米，底部面积约80万平方米。按照天坑类型划分标准，是世界最大的天坑，天坑四周是悬崖绝壁，原始森林茂密，珍稀动植物种类繁多，具有重要的科学考察和旅游价值，雄伟壮丽，气势磅礴，令人叹为观止，流连忘返。

小朋友的
骑行
感受

黄守进／摄

游贤承

　　在村长户外俱乐部，我每天都要和教练还有其他小朋友一起骑行30多千米，只有真正骑行在路上，你才能体会到大自然的无限风光。向前走，哪怕跌跌撞撞，历经坎坷，坚持下去总会有属于你的万丈光芒，当你生活郁闷、压力大，不妨去骑车。

开阳村长户外俱乐部／供图

罗茂源

我们骑行去过县城周边很多美丽的乡村，还和小伙伴一起参观过国民政府军事委员会。

开阳村长户外俱乐部／供图

赤水丹霞旅游区·大瀑布
赤水市文体旅游局/供图

第二章
多彩贵州·骑行大不同

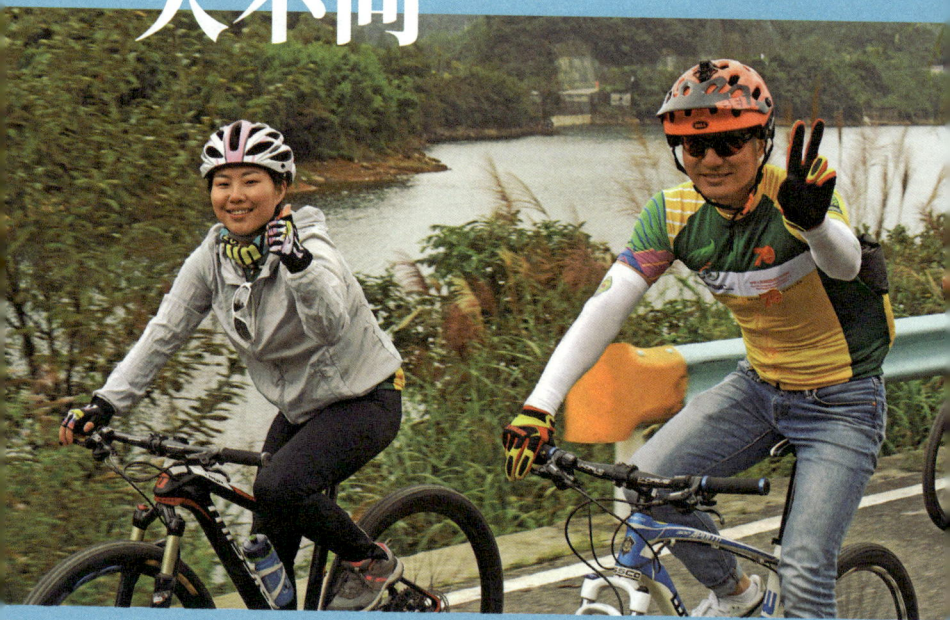

林剑／供图

不同的民风民俗、不同的地形地貌、不同的人文历史、不同的自然生态，带来多彩的贵州魅力。

在贵州，你可以观瀑布、赏名山、探洞穴、穿森林、走湿地、踏草原，还可以阅历史、览民俗。

在贵州，你能领略历史与现代的交融，也能体会人与自然的和谐。

贵州的多彩，注定骑游在此，会有不同的方式供你选择，会让你收获不同的乐趣与经历。

不必担心挑花眼，你可以慢慢计划，逐一走个遍。

毕竟，现在的贵州，县县通高速的便捷，早为走村入寨打通了关节；而村村通油路的实况，更是为骑行提供了保障。

骑行贵州，你只需要选择你喜欢的，并直接上路就行。

第一节
红色文化感悟行

赤水市文体旅游局／供图

多彩贵州，红色圣地。

长征，是历史上无与伦比的革命壮举，是中国共产党及其领导的工农红军创造的伟大奇迹和英雄史诗。

先烈们用鲜血染红了贵州的山山水水，用生命铺开了中华民族前行的道路。

贵州域内，奇峰怪石俊秀挺拔，峰林谷地深幽静寂，暗河溶洞神秘莫测，涌泉飞瀑奇奥瑰丽，高山草场苍翠欲滴，日出日落霞光万道，山间云海烟波浩渺，梦幻山水如诗如画。

沿着红军足迹骑行穿越多彩贵州——用骑行的方式向先烈致敬，在骑行中缅怀先烈，在大美河山间重走革命道路、重温红色岁月、传承红色基因。

名城遵义·丹青赤水

从贵州省交通运输厅获悉，遵义市赤水河谷旅游公路项目是国内首条真正意义上的综合性旅游公路，这条公路包括旅游公路和山地车自行健身道两部分，其中旅游公路154千米，自行车健身道全程160千米，采用防滑橡胶沥青彩色路面。

公路起于茅台镇1915广场，止于赤水市旅游集散中心，顺赤水河而建，凝结赤水河文脉精华，俱揽沿线美景风华，被誉为"中国第一条醉美自行车道旅游公路"，是体验和感悟遵义的红色文化和自然遗产丹霞地貌的绝佳路线。全线有效串联起遵义会议会址、红军四渡赤水遗址等红色旅游资源，链接了茅台酒、习酒等世界名酒人文旅游资源，同时有效衔接起成片与恐龙同时代的桫椤群等自然旅游资源。

走过红色遵义，这里还有"红军长征入黔第一县"黎平，有"在物资和战略上挽救了红军"的入贵州后第一场激烈阻击战战场镇远，有被周恩来总理誉为"伟大转折的前夜"的猴场会议召开地瓮安县等红色文化圣地，都是值得游历的目的地。

以骑行的方式，怀着无比崇敬的心情，沿着红军足迹，穿越多彩贵州，千里转运，百里骑行，一边感受"风来隔壁三家醉，雨过开瓶十里香"，一边在一路骑行中栉风沐雨，在途中领略多姿多彩的山水韵味、感悟丰富厚重的红色文化，这是一种积极向上的态度，更是一种拼搏进取的红色精神。

赤水市文体旅游局／供图

1 遵义会议会址

贵州红色游，遵义会议会址是必打卡的目的地。暂时将车停放，慢步浏览、聆听，重温峥嵘岁月，也不失一种仪式感。

遵义会议会址为一栋砖木结构、中西合璧的两层楼房，原系国民党二十五军第二师师长柏辉章的私邸。

1935年1月初，红军长征到达遵义后，这里是红军总司令部驻地。1月15日至17日，著名的遵义会议（即中共中央政治局扩大会议），就在楼上原房主的小客厅举行。

遵义会议旧址位于遵义市老城红旗路（原子尹路）80号，该楼建于20世纪30年代初，高墙垂门，巍巍峨峨。

1935年1月初红军长征到达遵义后，将此楼作为红军总司令部和总部一局的驻地，楼上除陈列有遵义会议原总参谋部办公室外，还有军委副主席周恩来的办公室兼住室，总司令朱德和康克清的办公室兼住室，总参谋长刘伯承的办公室兼住室，参谋长叶剑英的办公室兼住室。

楼下有作战室、机要室、三军团军团长彭德怀、政委杨尚昆住室，一局局长彭雪枫、张云逸的办公室兼住室，还有工作人员、警卫人员的住室。

朱世宇／供图

TIPS

可直飞抵达遵义新舟机场然后开始骑行，也可乘坐高铁抵达遵义骑行前往，或者直接"4+2"（即4个轮子的汽车+2个轮子的自行车）的方式。景区免费参观，从遵义市可骑行前往。会址内需步行参观，参观完毕可在红军街休憩片刻。

② 娄山关风景区

　　娄山关景区位于贵州省遵义市汇川区，是国家4A级景区。娄山关也称太平关，是川黔交通要道上的重要关口，人称黔北第一险要，素有"一夫当关，万夫莫开"之说。

　　遵义娄山关风景区以人文景观丰富，文物古迹众多而取胜，既有举世闻名的遵义会议会址，又有统治播州各类建筑遗址，是文化游、红色之旅经典旅游景区。

　　1935年2月，中国工农红军第一方面军二渡赤水，回师黔北，歼灭黔军四个团，攻下娄山关，揭开遵义大捷的序幕，赢得长征以来的第一次巨大胜利，展示了遵义会议的曙光。从此，红军战斗过的娄山关，便成为黔北著名的革命纪念地。娄山关风景区位于遵义市北大娄山脉中段遵义、桐梓两县交界处，占地总面积350平方千米。景区分为娄山关、乌江渡、播雅天池、红花岗区、凤凰山、海龙屯、天门洞、夜郎镇等8个景区和8个独立景点，主要有娄山关红军战斗遗址陈列馆、红军战斗纪念碑、U形公路、毛泽东诗碑、广静态等，各个景区景色各异、特色鲜明，令人惊艳。

TIPS

娄山关风景区里可骑行。抵达风景区的方式：

1. 搭乘航班抵达遵义新舟机场，从机场直接出发。新舟机场至娄山关景区骑行距离 67.5 千米，约需耗时 5 小时 38 分钟。

2. 通过"4+2"的方式抵达景区。可自驾前往，也可搭乘汽车（板桥客车站）、出租车抵达景区，搭乘列车可到汇塘河站下车后骑行前往，该站距离景区约 1 千米。

周边景点

1. 小三峡景区
小三峡景区位于西流水，主要景点有西流水峡谷、将军岩、十里画廊、娄山石柱等景点。

2. 将军岩景区
将军岩景区位于黑神庙，森林公园南侧，主要有娄山大佛、娄山石柱、迎客松等景点。

3. 竹海景区
竹海景区主要有方竹林海、微波铁塔、笋子山、娄山云海、观景台、仓山如海、残阳如血、雨凇、雾凇等自然景点。

4. 原始森林植物群群景区
娄山关省级森林公园位于贵州省遵义市汇川区板桥镇北部大娄山山脉中段，规划面积 1294.3 公顷，森林覆盖率 94.7%。原始森林植物群群景区包括原始森林、杜鹃花海、老鸦山等景点。

3

苟坝会议会址

苟坝会议会址位于贵州省遵义市播州区枫香镇苟坝村马鬃岭山脚，距历史文化名城遵义56千米，可直接从遵义骑行前往。

苟坝是一块高山环绕的田坝，东有海拔1357米的石牛山，西有海拔1330米的崖头山和银屏山，北有海拔1425米的马鬃岭。坝子南北长约3千米，东西宽1千米，其坝子间有起伏状像睡葫芦的小田坝，由马鬃岭脚渗出的二道地下水，汇成一道溪流自北向南流，称为白腊坎河。村口有一水口寺，其意在"锁水而润田畴"。

1935年3月10日至12日，长征途中的中共中央政治局在遵义县第十二下区平安乡（现遵义市枫香镇苟坝村）一所当地人称为"新房子"的堂屋召开了有20多人参加的会议，史称苟坝会议，苟坝会议是遵义会议的继续和完善。三人军事小组的成立，巩固了毛泽东在党和红军中的核心地位，标志着毛泽东正确主张取得了决定性的胜利。现苟坝内有很多的革命历史遗迹：苟坝会议会址（新房子）、红军医院（黑神庙），红军旧居（长五间）、苟坝老街（苟坝抗捐委员会旧址）、水口寺（红军戒岗哨）、马鬃岭红九军团司令部驻地、红军烈士墓，还有地方历史名人鲁屏周墓和花茂众多的陶瓷厂。

枫香镇位于遵义市西部，面积148平方千米，人口3.35万人，有汉、苗、彝、仡佬等民族，辖1居委会、20村委会。1949年为枫香乡。1958年改建公社。1962年起建置枫香、纸房、花茂、青坑公社。1984年改置枫香镇及纸房、花茂乡。1992年1镇、2乡合并置枫香镇。产生漆、红陶器、茶叶等。有中小学19所。镇人民政府驻地枫香坝，曾名丰盛场，在南白镇西30千米，东南屏山。

如今，遵义苟坝会议会址是向广大党员干部提供红色文化教育、理想信念教育、中国传统文化教育的教育基地，是承接、承办省内外党政干部、企事业单位职工、社会团体人士等教育培训工作，以及全国中小学生研学旅行活动的"贵州一流，全国知名"独具特色的红色文化传承基地。

TIPS

从遵义市南行，过龙坑西行到枫香镇境内，有乡村公路通枫园至苟坝，也可以由枫香镇驻地骑行至苟坝。遵义市骑行至苟坝会议会址，距离约49.8千米，需耗时约4小时9分钟。

④ 赤水河谷 旅游公路

赤水河，为中国长江上游支流，古称安乐水，在云、贵、川三省接壤地区。发源于云南省镇雄县，东流经贵州省仁怀市、习水县、赤水市至四川省合江县入长江。全长523千米，流域面积2.04万平方千米。

由于四分之三流域在大山中，所以赤水河是国内唯一一条没有被污染的长江支流。

赤水河上的赤水市是贵州省最大的港口，这里距离长江只有60千米。

赤水河，之所以名为赤水，是因为它流经了中国最大的丹霞地貌区——赤水丹霞。每当下雨的时候，河流会变得浑红，于是人们称为赤水。赤水河流域被誉为"生态河、美景河、美酒河、英雄河"，是长江上游的重要生态屏障。

赤水河谷旅游公路全程建有26个观景台、休憩驿站、露营地，1个直升机停机坪，162座桥梁，2座隧道……一条路、一条河，随即串联起整个河谷的美景，令人无限向往。骑行在赤水河谷旅游公路上，河因路而秀，路因河而美，一路驰骋，尽享此中的魅力与快乐。

赤水河谷沿途有驿站、有露营地，能为广大骑行爱好者、背包客和游客提供充足的能量补给和休息的地方。露营地既有民宿，也可以租帐篷过夜，还有篝火晚会、攀岩项目、特色烧烤，为行程带来另类趣味和满足。

TIPS

可从遵义出发骑行前往赤水河谷，也可选择"4+2"的方式直达。

赤水市文体旅游局／供图

茅台镇

5

茅台古镇，位于赤水河畔，是川黔水陆交通的咽喉要地。地处贵州高原西北部，大娄山脉西段北侧，北靠遵义，南临川南。在郁郁葱葱的河滨地带，建有"红军烈士陵园"和"红军渡河纪念碑"。

茅台古镇历来是黔北名镇，古有"川盐走贵州，秦商聚茅台"的说法。2016年10月14日，茅台古镇被列为第一批中国特色小镇。

作为"中国第一酒镇"的茅台古镇，集酱香酒文化、红色文化和盐运文化为一身，镇内随处可见各种文化雕塑，古气十足。

茅台古镇商业化并不重，茅台人民依然生活在古镇内，生活气息浓郁。茅台古镇夜景堪称一绝，仿古建筑层层叠叠，沿河而建，夜景仿佛动画电影《千与千寻》中的油宫，给人穿越之感。

TIPS

可从遵义出发骑行前往，也可选择"4+2"的方式直达。茅台镇适合骑行＋步行慢游。遵义市至茅台镇距离约94.3千米，全程耗时约需7小时52分钟，请合理安排行程。

丙安古镇

古镇位于赤水市中南部，东与葫市镇接壤；南与两河口乡相连；西与复兴镇共界；北与旺隆镇相邻。赤水河依伴而下，习赤公路自东向西穿境而过，是赤水连接黔中各地的必经之路。

丙安古镇自古以来为川盐入黔著名驿站和商品集散地，被专家学者誉为"明清建筑与历史的活化石"，具有"千年军商古城堡"之美誉。近来更成为中国历史文化名村、贵州省历史文化名镇，被列入全国100个红色旅游经典地之一，以丙安古镇为中心的丙安风景名胜区是赤水八大景区之一。

1935年1月遵义会议后，中央军委作出途经赤水县境，在四川省泸县与宜宾之间渡过长江北上抗日的决定。1月24日，红一军团进入赤水县境，25日占领猿猴场，随即兵分两路夹击赤水县城。红一师在师长李聚奎、政委黄苏率领下，沿赤水河右岸大路向古葫、旺隆方向前进；红二师在师长陈光、政委刘亚楼率领下，从猿猴场下游约5千米的陛诏渡河向丙安、复兴场进发。红二师占领丙安后，将师部设在丙安。26日，林彪率红一军团进驻丙安，将指挥部设在一王姓地主住所。

中华人民共和国成立后，在土地改革中将王姓地主住所收归政府管理。2005年3月，丙安红一军团指挥部旧址被列入全国红色旅游经典景区、全国三十条红色旅游精品线路点之一。2006年5月，赤水市政府将红一军团指挥部旧址辟为丙安红一军团纪念馆供游客参观。2008年10月，经省人民政府批准对其修缮，将"丙安红一军团纪念馆"更名为"丙安红一军团陈列馆"。

1.丙安村古寨门

丙安村古寨门分东华门和太平门，分别位于丙安乡古景社区东端、西端。清代所建，面积25平方米。为拱形石门。东华门高3.1米、宽2.2米、厚度为1.2米，另有木门两扇用于关闭寨门之用，单扇木门宽为1.2米。太平门高2.4米、宽2.3米、厚度为1.5米，出寨门向西下坡是一条总长63米的石梯，每梯长1.7米、宽0.3米、高0.15米，右侧有高为0.7米的条石护栏，呈阶梯形向下延伸通向古码头。

2.红一军纪念馆

丙安红一军团陈列馆位于赤水市丙安乡丙安古镇，紧靠赤习公路，距赤水市市中区25千米，是全国红色旅游经典景区之一。

3.双龙桥

双龙桥位于丙安乡丙安村正安组一条河沟入赤水河的河口，始建于清代，面积约120平方米。双龙桥东西走向，桥长368米，宽1.7米，水面至桥面高3.2米，河中有九礅，礅宽3米，桥面分为

赤水市文体旅游局／供图

九段，每段均为长4米，宽0.85米，厚0.5米的条石铺砌，中间两磴凿有一雌一雄两条龙，昂首向上流方向，龙头高出桥面1.1米，桥中间另外三墩上有被破坏的雕刻痕迹，据附近居民讲，是狮子造型，"文化大革命"期间被打破丢弃河中，两端桥长14.4米，东端桥长3米。

4. 摩崖石刻

摩崖石刻位于丙安乡丙安村正安组柑子湾，民国时期所刻，面积约2.4米。材质为青石，凿刻于一块离地面高4米的大岩石上。碑高2.4米、宽1米。碑体正中竖直刻有"惠及乡邻"四个行书大字，字体宽0.45米、长0.55米，是民国十一年（1912年）保绅商士庶为了彰显王禹绘为乡邻做出了巨大贡献而刻碑文。

5. 码头遗址

丙安古码头遗址位于丙安乡古景社区，形成于明末清初，面积约600平方米。古码头有一总长为63米的石梯，依山势而建，宽2.5米到1米不等，蜿蜒向上，直通古镇。石梯与古码头连接部分为扇形月台，通宽为6.3米，半径为3米。月台前面是河滩沙地。月台北面3米处有一大块岩石，岩石上凿有鼻孔，用于拴船。此码头为水陆码头，所有货物均由此卸货上岸，是赤水河盐运的重要码头。

6. 黄连寺

黄连寺位于丙安乡艾华村艾坪组，建于清代，坐东朝西，面积210平方米。两侧房屋为重建，现仅存前殿、后殿以及一个天井为原建筑，面阔11.8米，前殿进深6米，天井进深5.6米，后殿进深6.2米。前殿山门用条石镶砌，高2.4米，宽1.5米。前殿屋顶上放有一面该庙遗存的大鼓，高1.1米，直径0.6米，牛皮蒙面，竹篾编条箍鼓身。天井较深，周围有走廊，一侧有楼梯通向后殿。四围是土墙结构，木串架结构，屋顶均为小青瓦覆盖。北面靠着重建墙体，立有四通道光七年、道光二十五年集资修建的功德碑，第五块碑大部分被埋入墙体。其中三通碑刻顶部所刻字体分别为"扬烈千秋""福禄善庆""名摽勿替"。

7. 欢喜滩石桥

欢喜滩石桥位于丙安乡艾华村欢喜滩小河沟上，始建于光绪二十二年，该桥东西走向，面积19.6平方米。由条石拼接而成，两块条石并列为通宽1.4米，每块宽0.7米、厚0.45米。三块条石相接为其通长14米。桥面由四个圆柱形大石墩支撑。石墩由长型条石堆砌而成，高4米、宽2.3米。桥西端5米处立一石造壁龛，高2.3米、宽0.9米，顶部为四角小翘檐碑帽。壁龛中供有观音一尊，门面两边刻有对联"菩提临孔道，略代慈航"，两侧文字主要记录集资修桥人名录，大部分字体模糊不清。

8. 丙安纤道

丙安纤道位于丙安乡丙安村赤水河丙滩段，始建于清代，东西走向，西自双龙桥，东至新丙安大桥，长约500米，保存较为完整。整条纤道均用80×40平方厘米左右的石板铺成，由于年代较远，石板有所残缺或断裂，棱角圆润。在纤道旁的岩石上，分布有两个古时栓船用的圆形石孔，直径为15厘米，拴船柱一根，高80厘米，面积22厘米见方，纤痕一处，长19厘米。由于当时丙滩为赤水河商品运输及物资集散地，该纤道因当时赤水河盐运及物资运输而形成。

9. 曹佛寺遗址

曹佛寺遗址位于丙安乡三佛村三礅佛祖山坡顶部开阔处，始建于清代，坐西朝东，占地面积约500平方米。该庙原建筑大部分毁坏，近年来由村民集资进行维修，原建筑风貌发生了部分变化，现仅存灯杆石一处为原建筑。现寺庙一楼一底，通长30米、通宽8米。外墙均用朱红漆统一粉刷，一楼面积为二楼的两倍，整体砖木结构，屋顶有小青瓦覆盖及宝鼎，一楼二楼均有四角翘檐。二楼正面屋檐下挂有牌匾"曹佛寺"。该庙共供奉大小菩萨70余尊，常年香火鼎盛。大门前五米处有一凉亭，由六根红漆石柱支撑六角翘檐屋顶，凉亭内立有菩萨坐东朝西。大门北面10米处有一处灯杆石，高1.72米、面积0.22米见方，共有四个等大圆形柱眼，直径0.08米，两根石柱之间相隔1米。

10. 禹王宫遗址

丙安禹王宫遗址位于赤水市丙安乡古景社区。丙安禹王宫始建于清代，坐西朝东，占地面积约300平方米。该遗址内仅存原土木串架结构房屋一楼一底，每层两间，面阔4.8米，进深5.6米；石柱础3个，一大二小，直径分别为73厘米和48厘米，高40厘米和39厘米；原建11级踏道一处。

TIPS

可从赤水出发骑行前往。赤水市沿红军大道骑行至丙安古镇距离约 25.5 千米，大约需 2 小时 8 分钟。

土城古镇

土城古镇位于遵义市习水县西部，面积307平方千米，有着悠久的历史，其建制历史可以上溯到汉武帝元鼎六年（公元前111年），距今两千一百余年。

土城镇"滨播枕永，襟合带泸"，水陆交通方便，自古为兵家必争之地，明代四大军事设施九龙屯、七宝屯、金子屯、天赐屯，以及明代养马司，都是历史的证明。

位于遵义习水县的土城古镇，是一个因航运而兴的古镇，因四渡赤水而驰名。独具魅力的古镇文化、商埠文化、茶馆文化、山水文化以及红色文化享誉全国，是感受原汁原味古镇风情的优选之地。

古镇内有土城会议旧址、土城小学、古盐号、船帮公会（王爷庙）、宋代酒窖、古驿站、茶旅馆、张半担宅等景点。

TIPS

可从遵义出发骑行前往，也可选择"4+2"的方式，先直达赤水再安排骑行。遵义茅草铺汽车站乘坐班车可到达。也可乘坐到赤水的班车在习水下，后在县城西车站乘坐习水至土城的班车到土城镇。

复兴古镇

8

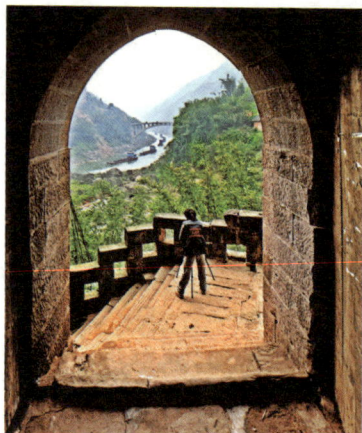

赤水市文体旅游局／供图

TIPS

可选择"4+2"的方式，先直达赤水再安排骑行。赤水市沿红军大道骑行至复兴古镇距离约12.6千米，大约需1小时3分钟。

复兴古镇是赤水河畔一个重要的港口，在丙安古镇和赤水市之间，这里的古巷道与公路平行，当地人习惯将这条始建于北宋年间的巷道称为老街。

高墙青瓦的江西会馆，有着百年历史的民居，吸引着来自全国各地的游客。

"复兴场战斗纪念碑"提醒人们，这个繁华的小镇曾经发生过一场近乎残酷的巷战。中华人民共和国成立后，这条被红军鲜血染红的古巷道有了一个新的名字——长征路。

古色古香的民居和古老的石板路被完整地保护起来。作为川盐入黔第一个大港口，复兴古镇当年商贾云集，繁华一时，100多家临街店铺汇集了来自全国各地的商品。高耸林立的木楼和临街的老店铺成为复兴古镇最重要的标志。如今的长征街，数百年前的繁华已经远去，七十多年前那场激烈的战斗留下的无数弹孔也被磨光。上百年历史的店铺里，堆放着服装、副食品和电器，手工制作的竹工艺品最为引人注目，展示着市场的繁华。

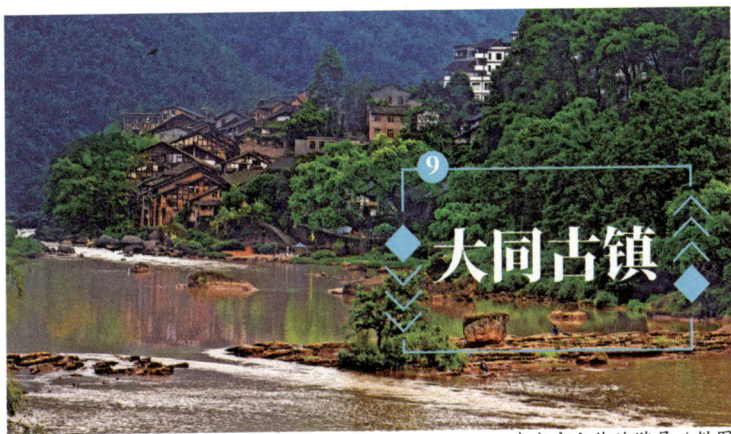

⑨ 大同古镇

赤水市文体旅游局／供图

TIPS

大同古镇位于赤水市区往四洞沟景区的大同河畔，公路从古镇上方百米处通过，市区客运站有面的可达。在古镇，上、下码头及古镇中均有干净别致的客栈。从赤水市出发有三条骑行线路可选择，其中经南郊路抵达距离最短仅 10.4 千米，耗时需约 52 分钟。

　　大同古镇位于赤水市城区西部，水陆交通便利，距丙安古镇18千米，经赤水河入长江可到重庆、武汉、上海。自古商市繁华，军争兵燹，浓郁的耕读文化，淳园的乡民性情，各地商人捐资修建的会馆，保留至今的豪宅大院、望族祠堂，以及沿袭的一套祭祀类建筑，与山、水、林构成和谐、美丽的自然人文生态环境，反映出自给自足小农经济时代的历史风貌。

　　大同古镇现存建筑建于明末、清初，由古街、古码头、古井、古街房、古民居、古庙宇、古会馆、古碑、古牌坊等组成，大多依山而建，前殿、正殿、后殿、吊脚楼、岩穴等建筑错落有致，雕梁画栋；古墓、古碑、古牌坊则结构严谨，绘画雕刻、书法文字一应俱全，历史文化底蕴深厚，被西方人称为"石头写成的历史"。大同是一个经历昔日的繁荣而衰败了的码头。这个颇具特色的古镇见证了70年前此地繁荣的顶点。

⑩ 赤水大瀑布景区

赤水大瀑布景区（又名十丈洞景区）位于贵州省赤水市南部，赤水河支流风溪河上游，离赤水城区三十余千米，是国家4A级景区，赤水国家级风景名胜区的重点组成部分。

赤水大瀑布景区是"赤水丹霞"申报世界自然遗产的核心组成部分之一。景区拥有十丈洞大瀑布、中洞瀑布、奇兵古道、转石奇观、香溪湖、百亩茶花、石笋峰、亿年灵芝、会水寺摩崖造像、红军标语等自然人文景观。其中，十丈洞大瀑布高76米，宽80米，是我国丹霞地貌最大的瀑布，也是我国长江流域最大的瀑布。

TIPS

可从遵义出发骑行前往，也可选择"4+2"的方式直达赤水市后骑行前往。景区门票90元，学生、军人可打5折，70岁以上老人有特殊优惠。（乘观光旅游车另付20元/人，单程10元/人）

美食推荐

到十丈洞可以品尝一下这里的特色菜，比如筒筒饭、筒筒笋、老腊肉、豆花等。也可以自带一些水和干粮。

赤水市文体旅游局／供图

赤水竹海国家森林公园，位于贵州省赤水市城东四十余千米，赤桐公路旁侧。公园占地面积10666公顷，以浩瀚的"竹海"风光为主，内分3个景段，中心景点为野竹坪观光休闲区，还有"天锣""地瀑""八仙树""夫妻树"等奇特的自然景观。公园有楠竹17万亩，遍布群山峻岭，登上公园"观海楼"，凭栏眺望，一望无际的莽莽绿原，铺山盖岭。

⑪

竹海国家森林公园

TIPS

可从遵义出发骑行前往，也可选择"4+2"的方式直达赤水后骑行前往。公园门票60元。（年满60周岁以上老人、学生等有优惠）；景区开放时间：淡季（12月至次年3月）：08:00—16:30；旺季（3月至11月）：08:00—17:00。

赤水市文体旅游局／供图

　　佛光岩景区（原名五柱峰景区）是世界自然遗产"赤水丹霞"的核心景区之一，位于贵州省赤水市元园镇，距城区44千米，东南距元园红军渡8千米。

　　佛光岩景区素有"世界丹霞之冠""世界丹霞第一园"之美誉，以"丹霞绝壁、天下奇观"的大白岩和"天造地设、鬼斧神工"的五柱峰为主体景观，包括丹霞地貌、奇峰异石、绝壁岩穴、五柱峰、白龙瀑、丹霞城堡、茶花林等30多个靓景奇观，由小金驿沟、世外桃源、太阳谷、犁辕沟、豹子沟五大景段构成，面积20平方千米，集新、奇、险、秀、幽、野六大特色为一体，是赤水国家级风景名胜区的重要组成部分。

中国侏罗纪公园

　　中国侏罗纪公园位于贵州省赤水市胡市镇金沙沟赤水桫椤国家级自然保护区的实验区，距赤水城区40千米，紧依赤习公路，傍临赤水河，地处红军长征路，系贵州高原向四川盆地递降的过渡地带，海拔290～1730米。公园内年均气温17.7℃，降水量1200～1300毫米，年均相对湿度大于84%。

　　2000年10月，经国家旅游局批准，在赤水桫椤国家级自然保护区内，开设地球爬行动物时代标志植物及其生存环境游览观光园林，命名为"中国侏罗纪公园"，推出侏罗纪、白垩纪时代的自然生态景观，展示2亿年前地球上保存完好的原生态自然风貌。

　　中国侏罗纪公园是世界上唯一的侏罗纪地球史迹自然生态园林，也是中国唯一以"侏罗纪"命名的国家级公园。园内开辟了甘沟、大水沟、两岔河三个景段供游人观光游览、生态旅游、回归自然、领略远古风貌，面积38平方千米，以"古生物活化石"桫椤为主体景观。

TIPS

1. 各大驿站均可自由租赁自行车，归还自行车后还可以到房车营地露营。
2. 最佳游览时间为每年 3—10 月。

骑行线路

总长 154 千米，可分为三天进行。

美食推荐

习水豆腐皮火锅、苕汤圆、苕丝糖、赤水豆花烤鱼、竹笋炖土鸡、合马羊肉、遵义羊肉粉、豆花面、豆花火锅、赤水筒筒笋、赤水豆花。

赤水市文体旅游局／供图

汇川户外
健身步道

　　骑行距离30千米，严格来讲算不上绝对的红色线路，但是途中不乏红色元素。具体线路：汇川骑行公路，从遵义人民路出发经植物园、董公寺、海龙水库等地，最后到达海龙屯。

　　有骑友如此描述这段骑行：一路上从城市切换到乡村，此刻景色美丽到极致，地势开阔处可俯瞰北郊水库全景，道路两边不断出现农田、林荫道……行至地势最高处，还可以体验到"一览众山小"的气势。

　　来这骑行也是另一种体验，在路上的感觉，自由自在地骑行，想走就走，想停就停。不在乎骑行的终点，在乎的是沿途的风景和欣赏风景的心情。需要注意的是，路上陡坡较多，安全第一。

刘啸／供图

猴场会议会址

猴场会议会址在瓮安县草塘镇（猴场）西1千米的下司宋家湾。原为宋泽生住址，建于1912年，系四合院，房屋四周为砖砌桶墙，俗称"一颗印"房子。桶墙高约8米，内有正厅5间，厢房、下厅各3间，中为石嵌天井。桶墙左前角有碉堡、马房，右侧茂竹掩映。正厅后为花园，后山古树参天。占地6667平方米的"猴场会议会址"于2004年2月完工，重建的会址雄伟壮观，基本上保持了原有的风貌，并塑毛泽东、周恩来、朱德、王稼祥、张闻天、博古、李德、李富春等人开会时的群像。"猴场会议会址"几个大字由张爱萍将军题写。

猴场草塘部落历史可上溯殷周，自汉以后为中央王朝收编统治，几千年来各族文化融合共生。1934年12月下旬，中央红军进抵乌江南岸，31日下午至次日凌晨，中共中央政治局在猴场（今草塘）宋家湾召开扩大会议，史称猴场会议。猴场会议是红军进入贵州后，于遵义会议之前召开的一次重要会议。它初步恢复了党的优良的政治工作的传统；复活了毛泽东同志正确的军事方针，为红军长征的胜利做了准备；确立了政治局决定重大问题的原则，为形成以毛泽东为核心的第一代领导集体奠定了基础。

近年来，黔南瓮安草塘千年古邑旅游区以猴场红色文化新村为核心区，汇聚商贾文化、土司文化、人文文化、红色文化湘滇黔民风民俗的深厚文化底蕴，是"黔北四大名镇"之一，也是全国极具价值的千年古镇。

这里作为红军长征重要一站，是全国爱国主义教育基地。此外还有草塘民间耍龙舞狮习俗源远流长，是"全国民间艺术龙狮之乡"。漫步在古邑的青石板路上，藏了千年的古邑秘密被揭开；漫步在一座座古建筑之间，如同走在古画廊中，慢慢触摸历史的遗存，感悟古邑的魅力、风韵。

田俊／供图

TIPS

可从贵阳出发骑行前往，贵阳距离猴场会议纪念馆全长154.8千米，约需耗时12小时56分钟，馆内需步行参观。路程较远请合理安排。建议可通过"4+2"的方式游玩，先直达瓮安，再开始骑行。

16 息烽集中营

　　息烽县东临开阳，南接修文，西北与遵义市播州区、金沙两县区相望，是黔北及重庆、四川两省市南下出海的必由通道，也是贵阳市北上黔北及重庆、四川的"桥头堡"。

　　息烽集中营是抗战期间国民党设立的关押共产党人和爱国进步人士的最大秘密监狱，与重庆白公馆、渣滓洞集中营、江西上饶集中营同为抗战期间国民党设立的四大集中营。息烽集中营四面崇山峻岭，古树参天。山里有湖，有洞，地形隐蔽险要。集中营设监狱八栋四十三间。

TIPS

可从贵阳出发骑行前往，贵阳机场距离息烽集中营革命纪念馆78.6千米，约需6小时34分钟，馆内需步行参观，参观完毕可骑行前往周边游玩。

周边线路

息烽集中营—息烽国际汽车山地露营基地—息烽温泉

1.息烽国际汽车山地露营基地

首个参照国际标准建设的房车露营基地——息烽"快乐小站"国际汽车露营基地项目，包括汽车影院、国际标准房车露营地、国际青年旅社、火车旅馆、火车酒吧、帐篷区等，具备了自驾宿营、休闲娱乐两大功能。

2.息烽温泉

息烽温泉是全国著名八大温泉之一，素有"天下第一汤"之称。息烽温泉所处的省级森林公园林木丰茂、风光秀美，有"天台丛林""白石涌泉""奇石观瀑""慈云生佛""豸角凌云""清流鸣琴""洪水古营""高桥天生"等八大景观。息烽温泉是集疗养、旅游、娱乐、度假为一体的休闲胜地。

3.息烽乡村半日游

骑行息烽除了固定的目的地之外，还可以选择沿着乡道游美丽村寨。骑到哪、玩到哪、吃到哪，自由自在，同样充满趣味。

17 息烽乌江峡景区

TIPS

门票：免费；开放时间：全天。

乌江七峡位于息烽县境北部边缘，峡长80多千米，上连六广河峡谷，下抵我国西南最大的发电站——乌江渡发电站大坝，在息烽县境河段长65千米，包括玉龙峡、炼鹰峡、赤壁峡、叠翠峡、猴愁峡、凝碧峡、玉泉峡（合称乌江七峡），和姊妹峰、骆驼峰、鲤鱼山、玉龙山等奇异景观。

景区高峡平湖，风光旖旎，秀色怡人；江面或阔或狭，山石或奇或幽。夹岸或峭崖插天，荡魄销魂；或庄户田园，清幽静谧。晴天波光潋滟，轻风徐徐，青山滴翠，绿水凝碧，"春花缭乱迷征路，古树参差照绿波"，荡舟江面，使人心旷神怡。

人文景观有1935年3月毛泽东、周恩来、朱德等中央领导人随中国工农红军第一方面军南渡乌江的梯子岩、大塘、江口三个地势险峻、激流滚滚的古渡口；有两堵等高且披绿裹翠的江石并排而立，如两名俊俏女子伫立江边，翘首远眺的"姐妹峰"；有从半山崖突兀而出，直指蓝天的"导弹峰"；有长约数千米、如垂天而降般立崖边的"石瀑"；有两泓银色玉泉从岩缝中喷涌而出的"双龙出山"；更有民族村寨浓郁的民族风情，一个个网箱相连，网箱上幢幢小木屋组成的"水上人家"……让人赏心悦目，流连忘返。

1981年乌江渡电站建成后，坝内水位上升百余米形成宽阔水面，与两岸自然景观相互映衬，形成集自然山水景观和革命历史景观于一体的风景名胜区。

红二、红六军团
木黄会师纪念馆

　　木黄镇位于国家级自然保护区——武陵主峰梵净山脚下，地处两省（市）三县（印江、松桃、秀山）交界处，距印江县城41千米，素有印江东大门之称，是中国工农红二、六军团会师圣地，省级风景名胜区，省级历史文化名镇。全镇辖28个村（居委会），是土家族集居地。在环山小镇中间，木黄镇的山清水秀名冠一方。两条清澈透底的小河环镇而下，鱼泉从后山突涌，穿流在人户间的檐前屋后。一幅不是江南水乡却胜似江南水乡的玲珑景致。

　　1934年10月24日，贺龙、关向应、夏曦领导的红三军与任弼时、萧克、王震率领的红六军团在印江县木黄镇胜利会师，这是中国红军史上的一件大事，它把来自不同战略区域的两支红军组成了一股强大的革命力量，为红二方面军的诞生奠定了基础。木黄会师是两军团进入新的历史时期的转折点和里程碑。

　　1978年6月，印江县于木黄将军山竖立中国工农红军第二、第六军团木黄会师纪念碑，原红六军团政委王震题写碑文。纪念碑呈方形，上小下大，高14.2米，设有护栏和台阶，占地720平方米。历经炮火硝烟的将军山上，如今巍然屹立着红二、六军团木黄会师纪念碑；运筹帷幄的水府宫殿，早已辟为了红军会师纪念馆。走进木黄，就好像走进了1934年热情燃烧的红色岁月，就好像置身于一部理想主义的红色经典。

　　1982年2月，省人民政府将木黄水府宫列为省级文物保护单位。

1984年10月，印江县人民政府决定在水府宫设立木黄会师纪念馆，原红六军团军团长萧克亲自题写馆名。木黄会师纪念馆馆舍为木质结构建筑，始建于清嘉庆二十三年（1818年）。中轴线上有门墙、戏楼、前天井、前厅、后天井、后殿，占地838平方米，建筑面积为525.6平方米。纪念馆共设两个展厅。展品有红军标语、枪支子弹和苏维埃政府木印、苏维埃银行发行的纸币、贺龙赠送黔东独立师师长冉少波的蚊帐、军毯以及红军使用过的生活用具共计56件。木黄会师军部旧址，已被列入国家级文物保护单位和全国爱国主义教育基地，而当年见证红二、六军团会师的古柏，被命名为"会师柏"，已长成郁郁葱葱的参天大树。木黄会师纪念馆为贵州省重点文物保护单位。

梵净山下、印江之畔，木黄镇文化内涵丰富——红色文化有气势雄伟的红军会师纪念碑、古朴典雅的会师纪念馆、高大挺拔的会师柏；富有土家特色的田氏宗祠、工艺精湛的木雕文化等；佛教文化有神奇久远的梵净山四大皇庵之首的"天庆寺"，梵净山四大脚庵之首的"太平寺"；民族文化有中国戏曲"活化石"之称的傩戏，还有富有土家风情的钱杆、花灯、龙灯、长号等。

TIPS

可先行搭乘航班或高铁抵达铜仁，再安排骑行。铜仁至红二、红六军团木黄会师纪念馆骑行距离约127.7千米，耗时需10小时4分钟。也可直接前往江口县，从江口出发骑行至目的地，路程79.2千米，耗时约6小时36分钟。

美食推荐

金豆腐、米豆腐、糯米、窖酒等。

黎平会议纪念馆

田俊／供图

黎平县位于湘、黔、桂交界，是红军进入贵州的第一城。

长征期间，先后有红七军、红六军团及中央红军经过黎平，并在黎平留下大量的革命旧址和红色遗址，保存完好的红色文化人文景点有黎平会议会址、黎平会议纪念馆、黎平烈士陵园等。

黎平会议在中国革命史上意义重大，影响深远，地位独特，红军长征经黎平留下了许多弥足珍贵的文物迹遗和历史故事。

黎平会议会址坐落在贵州省黎平县城德凤镇二郎坡，是一座清代的古建筑物。黎平会议召开地在翘街，全长1千米，已经有600多年的历史，在红军过黎平期间，整条街几乎家家户户都住着红军。

游客到此不仅能够充分感受红色旅游氛围，还能感受"侗乡"丰富多彩的侗族大歌等民族特色文化。

1. 少寨红军桥

位于黎平县高屯镇少寨村，是一座杉木结构的木桥。1934年12月下旬，红军长征路经少寨，当地群众为红军搭建了此桥，故名少寨红军桥。少寨依山傍水，八舟河绕寨而过。少寨的木桥，至今依然保持着原始风貌，如今在它的旁边已经修建能通汽车的新桥，新老红军桥在八舟河上遥相呼应。

2. 黎平翘街

黎平古城旧时按区域分为八保十三厢，现翘街景区由旧时的东隅厢、庆远厢、后街厢等组成。城内街巷纵横、石板埔墁，井泉眼眼、甘洌清澈，庭院座座、清雅别致，飞檐翘角、鳞次栉比，庙堂馆署、牌坊楼阁，店铺林立、商贸繁荣，一派文风昌盛、商业繁华之景象。翘街2011年被列为中国历史文化名街。

2020年9月，黎平翘街景区被评定为国家4A级景区。

3. 肇兴侗寨

肇兴侗寨，位于贵州省黔东南苗族侗族自治州黎平县东南部，是全国最大的侗族村寨之一，素有"侗乡第一寨"之美誉。它是黔东南侗族地区最大的侗族村寨，也是侗族的民俗文化中心，国内规模最大的侗寨鼓楼建筑群落坐落于该地，侗族建筑布局巧妙，花桥、鼓楼、溪流、吊脚楼相间。

肇兴侗寨以鼓楼群最为著名，其鼓楼在全国侗寨中绝无仅有，被载入吉尼斯世界纪录，被誉为"鼓楼文化艺术之乡"。寨中五团，共建有鼓楼五座、花桥五座、戏台五座。五座鼓楼的外观、高低、大小、风格各异，蔚为大观。

2018年中央电视台春节联欢晚会，除央视本部1号演播厅主会场外，四大分会场分别是：广东珠海、山东泰安、海南三亚、贵州省黔东南州黎平县肇兴侗寨。

4. 堂安侗族生态博物馆

堂安寨距肇兴侗寨大约5千米，寨子里的民居均采取传统的干栏建筑形式，依山就势，悬空吊脚，自然组合，井然有序。生态博物馆通过实物陈列、形象表演及音像储存方式，展现侗族文化的发展过程。新建的资料信息中心建筑则表现了侗族建筑文化特色。

堂安侗族生态博物馆坐落在半山腰，上为葱郁的原始森林，下为连绵不断的层层梯田，云雾环绕，百泉喷涌，群鸟清歌，幽静安闲。山寨有10多个寨门，有侗族代表性建筑鼓楼、戏楼，民居全为三层木构穿斗式建筑，古朴和谐。这里的多声部无伴奏合唱的侗族大歌曲调优美，世界闻名。

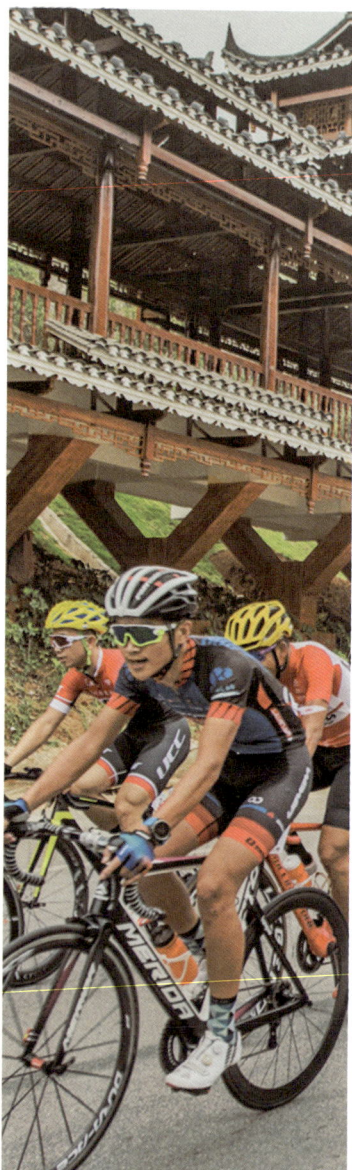

贵州省山地户外运动管理中心/供图

TIPS

可先行搭乘航班或高铁抵达黎平，再安排骑行，也可通过"4+2"的方式抵达黎平后开骑。黎平机场至黎平会议纪念馆 12.8 千米，仅需 1 小时 4 分钟。如果从机场出发，可以先去少寨红军桥，距离黎平机场约 4 千米，到此一游结束后前往黎平翘街。以下两条资深骑友骑行线路，供参考：

1. 黎平机场—少寨红军桥—黎平翘街—肇兴侗寨—堂安侗族生态博物馆。

2. 江高铁站—肇兴侗寨—堂安侗族生态博物馆—黎平翘街。

美食推荐

侗家腌鱼、椒香牛肉、稻香田鱼、长桌宴、酸汤系列、牛瘪、黎平米粉。

艺术欣赏

黎平是侗族之乡，是黔东南著名的旅游地，如果时间允许，还可以到侗族大歌发源地小黄侗寨、黄冈村、地扪侗寨等地更深入地去了解和感受真正的侗族文化。

南泉山景区

"南泉山乃黔省一名山也"，这是古人对此山的定位评价。南泉山位于贵州省黎平县县城南部，山顶海拔853米。面积43.4公顷，是黔、桂、湘交界地带的佛教圣地，自古以来香火不断，山上古木参天，游人络绎不绝。

位于此山上的黎平革命烈士陵园，被国务院授予"重点纪念建筑物保护单位"，并在2009年国家计划实施的全国重点革命烈士纪念设施保护改造工程中，列入了中央投资备选项目范围。该革命烈士陵园入围第五批全国重点烈士纪念建筑物保护单位，是贵州省仅有的3处之一。

南泉山有八景：古松若虬、曲径盘空、石龙吐水、双井霭雾、桂苑秋香、空中楼阁、孤顶浮岚、夕阳返照。南泉山大佛殿不远处有南泉亭，南泉亭旁有井泉，凿石为龙，水从龙口涌出，注入井内，泉水清澈，四季长流，其水夏凉而冬温，饮之清心爽口，南泉山因其井水而得名。

南泉山主山道，鹅卵石铺就，秀逸而上，共有九弯十八拐。山中的南泉山寺是具有明清两代风格的建筑群，既有明代的端庄持重，又不失清代的玲珑秀丽。寺有3殿，依山取势，建于山腰，层层而上。第一层为大佛殿，第二层为灵宫殿，第三层为宝顶庵正殿。南泉山寺宝顶庵正殿有天香阁，是南明兵部尚书何腾蛟幼年立志报国、勤奋读书之所。

　　黎平县四寨侗寨、黎平县黄岗侗寨、黔东南州黎平翘街旅游景区、黎平会议纪念馆、黎平侗乡风景名胜区、黎平县八舟河景区。

TIPS

外地骑友到黎平骑行，可直飞黎平机场后规划线路，也可通过"4+2"的方式抵达黎平后再骑行。

骑行线路

南泉山景区—萨玛公园—二望坡—中潮农业产业园—龙形冲茶园—顺化瑶寨—六背山大风车—肇兴侗寨。线路全长约 85 千米。

周逸群烈士故居

周逸群烈士故居位于铜仁市区共同路12号，原街名大公馆。周逸群故居坐北朝南，呈四合大院，总占地面积1162平方米。

1918年，烈士祖上建正屋一幢三间，占地面积109平方米，现为烈士生平事迹陈列室。正屋前有石板铺墁院坝，两旁辟有花圃。整个故居古朴典雅，错落有致。故居在国民党时期曾作"逆产"充公，后经其亲属力争，方完整保留至今。

清道光年间，周逸群祖父始建后楼两幢。左楼上下各三间，周逸群在此楼出生和结婚。右楼结构与左楼基本相同。

周逸群烈士故居1984年修复陈列于国庆对外开放，徐向前、廖汉生分别为故居大门和陈列室题写了匾额，萧克将军的题词"发扬周逸群烈士奋斗精神，开创梵净山老区崭新面貌"陈列于故居大门过道。1997年10月，烈士故居被评定为省级爱国主义教育基地。

TIPS

可从铜仁市骑行前往。景区位于铜仁市区共同路 12 号，地区电视台对面。故居内须步行参观。

㉒ 黔东特区革命委员会旧址纪念馆

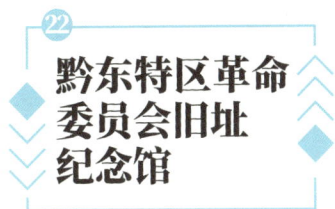

黔东特区革命委员会旧址纪念馆位于沿河土家族自治县谯家镇长征村土地湾，距县城约40千米。纪念馆原为田姓住宅，建于清同治八年（1869年），为两进砖木结构四合院式。现有展馆面积400平方米。

1934年7月21日至22日，湘鄂川黔革命军事委员会在沿河县内铅厂坝张家祠堂召开黔东特区第一次工农兵苏维埃代表大会，选举产生了黔东特区革命委员会（又称黔东省政府或黔东联县政府）。黔东特区革命委员会旧址是黔东特区革命委员会机关和红三军机关驻地，时辖17个区革命委员会（或区政府），约100个乡苏维埃政府，辖区包括今沿河、印江、德江、松桃、酉阳、秀山等县毗邻地区，纵横100余千米，人口10多万人。

旧址一直受到当地群众的精心保护，1956年被公布为省级文物保护单位。1993年原红三军第九师政委廖汉生为旧址题写匾名。2003年，沿河县筹措资金，将旧址产权收归国有并进行全面维修，并将旧址辟为陈列馆，展示红三军在黔东地区的光辉革命历史。2006年5月，国务院将旧址公布为全国重点文物保护单位。

黔东特区革命委员会旧址纪念馆自2003年正式开馆，近几年随着功能的加强和知名度的提升，参观者、瞻仰者和游客逐年增多，2009年开始免费开放。

23 镇远古镇

TIPS

建议通过"4+2"的方式前往，或者直接搭乘火车到达镇远古镇火车站后开始骑行。

自长征以来，镇远是红军攻占的第一座地级城市，这里不但商家云集，还是贵州东部行营、黔军第五旅驻地，敌二十五军的大批军需物资囤积于此。

如果说，遵义会议在政治上挽救了红军，那么，攻克镇远和镇远阻击战，则在物资和战略上挽救了红军。屹立于云贵高原的历史文化名城遵义、镇远，在红军长征的万里征程中镌刻下了光辉灿烂的丰功伟绩，做出了历史性的重大贡献。

镇远古镇属于国家5A级景区，位于贵州省黔东南苗族侗族自治州镇远县舞阳河畔，民族风情浓郁，保存着雄伟奇特的青龙洞古建筑群和明清古民居、古巷道、古码头、古城垣等160余处历史建筑。虽然随着历史的变迁，古镇逐渐沉默，却也成就了它另一种与世无争、宁静淡雅的美丽。古镇内有中元洞、魁星楼、万寿宫、祝圣桥、紫阳书院、青龙洞、香炉岩、和平村、古巷道、古码头、仿古步行街、谭钧培公馆、周达文故居、下舞阳等。

镇远古镇是具有两千年历史的国家重点历史文化名城，也是曾经闪耀一时的文化名城，曾经威风无比的湘黔门户，有"黔东重镇""苗乡古城"之称。远观古镇，一半在山坡，一半入水中，舞阳河呈S型蜿蜒贯通全城，酷似一幅太极图。镇远古镇内民居建筑风格古朴，飞檐翘角，波光倒影，恬静悠闲，聚集诸多保存完好、规模较大的古建筑群。

"欲守云贵，先据镇远。"这是兵家的共同认识，同时也是商贾经商聚财的共识。舞阳河水路是贵州最早通航的河流，经湖南洞庭入长江，可直达东海。贵州最早的公路湘黔公路也从这里通过。

　　畅达的水陆交通吸引了全国各地的商人，纷纷入驻镇远经商，故镇远又有"军旗掩映下的水陆大都市"的城市名片。

美食推荐

道菜、卤盆（麻辣烫）、舞阳河小干鱼小虾、酸汤鱼、银鱼炒蛋、木锤酥、扭扭糖、姜糖等。

骑行线路

西门街盘龙大桥—和平街（周大伟故居—和平村—杨柳湾）—青龙洞古建筑群—祝圣桥—石屏山—四宫殿—天后宫—码头—盘龙街。

田俊／供图

盘县会议会址

　　盘县会议会址位于盘县古城城关二小校园内，俗称九间楼，也称"九天楼"，曾是中国工农红军红二方面军第二、六军团总指挥部驻地，著名的"盘县会议"在此召开。

　　盘县会议会址原是国民革命军第二十五军第五师师长黄道彬于民国十七年（1928年）修建的武营，其结构为木构硬山顶，穿斗式架梁，单檐歇山顶建筑。初建时为三层，后因倾斜欲倒而降低一层，为一楼一底两层，上下各九间。檐高5.31米，通面阔36.5米，进深两间11.2米，建筑面积818平方米，前带双步廊，楼栏直棂式。

　　1936年3月28日、29日，红二、六军团自来宾铺战斗后，分兵两路先后进占黔西南的盘县、亦资孔地区。国民党军4个纵队进至北盘江左岸，沿江布防，滇军1个纵队扼守云南边境，与红军形成对峙局面。军分会进驻盘县以后，召开会议讨论部队的行动计划，决定"在滇黔边活动，并创立根据地""集全力进攻孙、郭两敌，以开展新的局势，创立根据地"。后接朱德、张国焘复电明确表示要红二、六军团北上会师的倾向。军分会立即在盘县再次召开会议，会议最后决定，放弃在滇黔边创建根据地的方针，北上与红四方面军会合。

盘县会议是红二、六军团长征途中在盘县召开的一次具有转折意义的战略决策会议，会议作出了红二、六军团北上与红四方面军会合的决策，这对保存红军实力，促成三军会师，壮大抗日力量产生了重要作用。

1992年2月，盘县会议会址被贵州省人民政府批准为省级文物保护单位。1997年10月被贵州省委、省政府命名为贵州省爱国主义教育基地和全民国防教育基地。

TIPS

纪念馆全天开放，免费参观。外地骑友可直飞铜仁凤凰机场，再通过"4+2"的方式抵达沿河县，或乘高铁到铜仁南站，再通过"4+2"的方式前往。路途较远，请合理安排骑行时长。纪念馆内需步行参观。沿河县城可骑行游览。

25 贵州三线建设博物馆

　　20世纪60年代，党中央做出战略部署，在中西部13个省区发动一场以战备为核心的大规模国防、科技、工业和交通基本设施建设运动，波澜壮阔的三线建设就此打响！

　　六盘水是"三线建设"西南地区的主战场，重要的煤炭基地、钢铁基地，是"三线建设"滚滚浪潮中诞生和发展起来的一座新兴的工业城市，既有着深厚而丰富的三线文化底蕴，更是三线精神的传承者、传播者、弘扬者。

　　饮水思源，不忘历史，追忆三线。为贯彻落实习近平总书记"建设文化强国、着力提高国家文化软实力"重要讲话精神，贵州三线建设博物馆一期工程于2013年8月17日建成开馆并免费开放，占地26000多平方米，建筑面积10000多平方米，已建成主楼博物馆、还原馆、市情馆三个室内展区及三线广场、工业雕塑广场、思源广场三个室外展区，是国内第一家以"三线文化"为主题的博物馆。

博物馆主楼展区分为序厅、人民礼堂、主楼展厅三大区域。其中，三层主楼展区又分为七个展厅。馆内陈列有珍贵图片、文献、文物资料；室外展区主要展出大型实物：蒸汽机车、原第一汽车制造厂生产的东风牌卡车、龙门刨床、钢水包等珍贵文物。从不同的角度和层次再现了近半个世纪之前的那段激情岁月，勾勒了可敬可亲的创业者的精神风貌和含辛茹苦的创业场景。

贵州三线建设博物馆已经逐渐成为六盘水市重要的人文景观和红色旅游观光点，成为党的群众路线教育实践活动的主战场、道德讲堂总堂，三线人重温历史的首选地，成为六盘水市城市文化地标、城市名片。

TIPS

馆址位于六盘水市钟山区荷城社区水城古镇，可直飞或搭乘高铁抵达六盘水，由市区骑行前往。

都匀三线建设博物馆

　　贵州都匀，以其优越的地理位置和便利的交通优势，成为西南"三线建设"的电子军工基地。留住历史，就是留下城市的文脉！为保护、传承、发扬三线文化，都匀市重点研究部署了东方机床厂旧址改造工作，一座以三线建设为主题的博物馆在这片土地上沿脉而生，重现"三线建设"时期的流芳岁月，重点展现贵州三线企事业单位的发展历程与历史贡献。

　　都匀三线建设博物馆收藏了大量珍贵展品，这些展品都是来自当年各个生产环节的实物，被赋予了非凡的历史含义，带给了参观者们更多的临场感。通过综合运用现代高科技手段，设置电子军工互动体验区域，将静态展示与互动体验有机结合，强调情景式体验与互动，激发参观者的爱国情怀。

　　展馆风格以还原历史沧桑感为主，以人文灰、底蕴黄为主色调，穿插三线砖红，到最后以科技蓝为主，形成回望历史，面向未来的风格逻辑。

TIPS

馆址位于黔南州都匀市环西大道，可先行自驾或搭乘高铁抵达都匀，再骑行前往。

林剑／供图

第二节
康体养生
有氧行

贵州平均海拔1100米左右，夏季平均气温23℃，森林覆盖率近60%，被誉为中国的"绿色走廊"。行走在贵州绿水青山间，切身感受优良的原生态魅力，加之纬度、高度、湿度、温度、负氧离子浓度、风度造就的"六度"优越自然条件，以及依托空气清爽、气候凉爽、人民豪爽形成的"三爽"资本，让贵州旅游资源和康养资源声名远播，吸引了来自全国的游客走进贵州度假康养。同时，贵州冬无严寒、夏无酷暑，全年330天以上可进行户外运动，被业界视为"户外运动天堂"。

　　近年来，贵州秉持着资源禀赋佳、基础条件好、发展后劲足的天然优势，各项大健康产业驶入发展"快车道"，其中康体养生、有氧骑行等时尚户外运动更是受到许多骑行爱好者的青睐，纷纷深入贵州各地切身体验。

陈正／供图

　　黔中境内山水宜人，产茶历史悠久、茶文化源远流长，茶品质更是独具一格。贵州产的茶可谓是中国的一个"宝贝"，高海拔、低纬度、少日照的独特气候和有机质、无公害的生态优势，赋予了贵州茶"香高鲜郁、味醇鲜美、色纯鲜亮"的特质，尤其是凤冈县茶海之心等景区更是全国绝无仅有的锌硒茶的主产区和核心区。

　　清新梦幻的茶海之心景区就位于凤冈县永安镇，景区面积69平方千米，森林覆盖率85%以上，置身这片茶海，放眼满山苍翠，耳畔皆为风拂过茶海之音，瞬间回归最质朴的自然田园时光。

畅游茶海、"骑"乐无穷。定好一个假期，约上三五至亲好友，奔赴一场康养之行，骑行于茶海之心，抬头是彩霞飘忽万里，低头是云雾氤氲的茶海，休憩之余在茶海之心品茶吸氧，览尽凤冈的卓越风姿，若刚好碰上茶海自行车赛，在碧波荡漾的茶海里穿行，体验"速度与激情"，未尝不是人生一大乐事。

目的地推荐

周元杰／供图

遵义凤冈
茶海之心景区

茶海之心景区位于永安镇田坝村，距离遵义市区110千米。

景区以大小茶园、企业为主，面积69平方千米，有机茶基地2.8万多亩。

每个茶庄内都拥有自己的茶园，可以参观，也可以在专业指导下采茶、制茶、学茶、品茶，或是观看土家油茶茶艺表演、生态养生绿茶茶艺表演。品茗之余，登仙人岭、游茶经山、听传说故事，寻幽访古，感受最美茶乡的魅力。到这里，看傩戏、花戏，赏茶灯、茶艺，品贵州三大名茶，甚至是亲自采茶、制茶，每一项活动都令人喜出望外、轻松惬意。

〉〉〉〉〉〉〉

TIPS

可先搭乘航班或高铁抵达遵义，再安排骑行，也可以自驾前往。

骑行路线

飞峰坎—田坝新村—游客服务中心—贵茶公司—仙人岭—畅游各家茶庄—返程。

湄潭象山

湄潭因湄江河而得名，在湄江河岸，有一片起伏连绵的茶园，名叫象山茶园，因山丘连绵成一只大象形状而得名，又名叫"打鼓坡"。

湄潭位于北纬27°，和印度大吉岭、福建武夷山等世界茗山在同一纬度上，提起这片茶山，有一段很重要的历史。抗日战争时期，国民政府为了用茶叶换取外汇支持抗战，将中央桐茶实验基地定址湄潭。张天福、李连标、刘淦芝等老一辈茶人先后来湄潭勘察地理，创建中茶所，并在打鼓坡上开辟茶园555.5亩，这是中国最早也是当时最大的连片茶园。

TIPS

1. 春季和夏季是最佳旅游季节。可先搭乘航班或高铁抵达遵义然后骑行至湄潭，也可直接前往湄潭。
2. 建议通过"4+2"的模式前往，茶海内的骑行地适合骑自己携带的自行车。

美食推荐

黄家坝的泡粑、永兴的板鸭、油茶汤、豌豆凉粉、羊肉粉、金家豆腐丸、豌豆蹄花糯米饭、酥肉绿豆粉、三鲜粉。

骑行路线

中国茶城—象山大桥—县道 X362—南坪—金花村（茶花路）—核桃坝村—七彩部落—田家沟—兴隆镇镇政府—小茶海—打木丫—梁桥—庙塘—道 X362—象山大桥—中国茶城。(70千米)

1. 湄潭万亩茶海（中国茶海）

中国茶海也叫万亩茶海，位于贵州省湄潭县永兴镇境内，这是世界上面积最大的茶海，连片茶园近4.3万亩，2010年获得"贵州十大魅力旅游景区"称号。湄潭县标志性景观之一。

中国茶海生态园景区是一个全景域开放式景区，景区是指湄潭县核金龙环线（核桃坝—金花—龙凤）茶文化乡村旅游区，景区距湄潭县城10千米，距遵义市区80千米，距遵义新舟机场仅40千米，旅游区域优势十分明显。园内地貌多为低矮丘陵，茶树种植依山顺势，绿野遍地，绵延不尽，是典型的生态绿色产业。

湄潭中国茶海如今已是贵州的著名景区之一，景区内曾经多次举办过山地自行车赛，颇受骑行爱好者的青睐。

2. 茶文化公园

"天下第一壶"茶文化公园是集茶文化博物馆、茶文化特色旅游、茶文化特色酒店、茶知识科普、茶产品展示等为一体的综合性茶文化主题公园，公园主要由天下第一茶壶、天壶长廊、水上乐园、茶文化广场及茶文化古道5部分组成。

3. 湄潭浙江大学旧址

湄潭浙江大学旧址，又称浙大西迁陈列馆，位于贵州湄潭县湄江镇和永兴镇。1937年秋，抗日战争爆发，日军炮火弥漫中华半壁河山。迫于战势，浙大被迫西迁。760多名师生在竺可桢校长的率领下，先后在浙江建德、江西吉安、泰和、广西宜山、贵州青岩等地辗转迁徙，办学。经过2500多千米的长途跋涉，浙大师生历尽千辛万苦，于1940年初抵达贵州遵义、湄潭、永兴定居办学。浙大西迁贵州，亦为穷乡僻壤的黔北大地播下了现代科学文化的种子，对日后经济文化的发展产生了深远的影响。

4. 板桥古镇

位于娄山关山脚，从娄山关到板桥镇距离10千米，骑行大约需50分钟。板桥镇是个历史悠久的古镇，建于清朝康熙年间，依托娄山关景区的知名度和影响力，目前这个古镇也焕发出独有的魅力，具有典型黔北村落的特点。

很多重庆人喜欢夏天来这里避暑，有天然氧吧之称，依托这样的气候优势，板桥村里兴起很多农家乐，民宿客栈选择面较广。这里有清澈的仁江河从村前缓缓流过，春天，排排樱花点缀其间，骑车徜徉其中，可感受田野的清香扑鼻而来。歇息时，可品尝拥有近50年传统工艺和生产历史的"板桥豆腐干"。

5. 泗渡镇

毗邻板桥镇，相距7.5千米左右，大约需要骑行38分钟。这里植被茂盛，森林覆盖率31%。气候温和，雨量充沛，地势平坦，土地肥沃，盛产粮油、果蔬，素有黔北"粮油重镇"之称。沿泗绥公路骑行，车辆较少，空气清新，沿途风光美丽，有瀑布，有溶洞，甚是壮观。

这里地势平坦，适合初学骑行者，尤其是"4+2"旅游方式，自驾车上搭载一辆山地自行车，发现自己喜欢的骑行地，可骑车在乡间田野中绕行，既呼吸到新鲜空气，又可以欣赏周围景观，骑行中，自己的心肺功能得到锻炼。

百里杜鹃风景名胜区，位于大方、黔西两县交界处，距省会贵阳155千米，是迄今为止中国已查明的面积最大的原生杜鹃林，总面积达125.8平方千米。每年3至5月是杜鹃花期，杜鹃花开漫山遍野，有着"地球彩带"的美誉和"杜鹃王国"的美称。

景区内杜鹃种类包含叶杜鹃、皱皮杜鹃、锈叶杜鹃、问客杜鹃、腺塄马银花、多花杜鹃、映山红、锦绣杜鹃、贵定杜鹃、暗绿杜鹃、映山红变种、落叶杜鹃、水红杜鹃、百合杜鹃、多头杜鹃等41个品种。甚至还会出现一树不同花，一棵树上开出不同颜色的花朵，最多的达7种之多。

③ 百里杜鹃

骑行路线

百里杜鹃大草原—普底景区—金坡景区。

美食推荐

活油烙锅一定要试试。

景区内修建有山地自行车户外基地和专业赛道。百里杜鹃山地自行车户外健身基地规划面积约20亩，建筑面积约2000平方米，购置自行车1500余辆，规划建设专业赛道5千米，附属建设休闲旅游服务、运动补给、标志标牌等设施。百里杜鹃已成功举办了几届全国山地自行车赛，尤其金坡山地自行车道在国内非常出名。在这样的花海里骑行，不仅可以游遍千年一吻、杜鹃花王、百里杜鹃湖等景点，还能体验彝族、苗族的插花节、跳花坡等民族风情及草原户外游乐项目、篝火晚会等。

TIPS

1. 每年最佳旅游时间3—10月。可从毕节前往，也可从黔西县前往。毕节至百里杜鹃景区骑行距离约76.8千米，需耗时6小时24分钟；黔西县骑行至景区总长约28.7千米，耗时2小时24分钟。
2. 景区内自行车租赁点无法保证正常服务，需自己携带自行车至景区内专门的骑行道骑行，其他区域禁止骑行。

1. 百里杜鹃大草原

百里杜鹃大草原距普底中心花区4千米，总面积近6万亩，呈环状和梯状分布，植物多以高山矮化杜鹃及原生灌木为主。由于受高海拔气候和风力影响，植被生长极为奇特，形成独具特色的天然盆景园；草原上的天坑星罗棋布，极具观赏价值；喀斯特地貌风格独具，山形奇峰突出，耸立危岩让人惊叹。

2. 黄坪"十里杜鹃"

黄坪"十里杜鹃"景点位于普底景区，是百里杜鹃的缩影、代表和精华。在这十里范围内，杜鹃花种类繁多，色彩丰富，花色多变。登高四望，花区宏大场面尽收眼底，这一山全是红色，艳如云霞，那一山呢？又全是白色杜鹃，如白雪皑皑，娴静淡雅，此外还有紫杜鹃山、金杜鹃山、混色杜鹃山，争奇斗艳，令

罗冠宇／摄（百里杜鹃文广局／供图）

人目不暇接。

　　黄坪所在的普底乡，少数民族占60%，民俗独特，少数民族节日正值杜鹃花盛开的季节，彝族的插花节、火把节等活动丰富多彩，其民族风情令人流连忘返、回味无穷。

3. 龙场九驿

　　东起贵阳，西至毕节的驿道。驿道长280千米，奢香夫人修建。设九个驿站，分别是龙场驿、六广驿、谷里驿、水西驿、西溪驿（奢香驿）、金鸡驿、阁鸦驿、归化驿、毕节驿。因第一是龙场驿，后人就将这九个驿站统称为"龙场九驿"。

　　在当时的条件下，由一个女人主持修建这样浩大的工程，不能不说是一个奇迹。更令人惊叹的是，这条驿道的线路走向，居然同现在的321国道基本一致，可见当年奢香的眼光是何等的高远。为纪念这位在历史上做出卓越贡献的彝族女英豪，景区设置了"龙场九驿"景点。表达人们对奢香夫人的万分崇敬之情。

王纯亮／摄（百里杜鹃文广局／供图）

4. 米底河

米底河，是乌江水系上的一条支流，河从高山流入深谷，出现几次生命的大跌宕。其中，在60米河段上三叠瀑布一气呵成，总落差达40米，河水与石头共生，忽而泻过石上，忽而钻入山中，形成高石坝、石猪槽、天生桥、花底岩等千姿百态的岩溶奇观，良好的生态植被为其创造了优越的生态环境，21.9千米长的岩河两岸，不仅有原始杜鹃林，而且还生长着珍贵的古稀植物。

其中，有堪称中华第一桑的千年古桑，直径达3.25米，树高40余米，有独木成林的御赐银杏，600多年的寿令树冠覆盖达六百多平方米，有四人合围的古樟树，有直径2.2米的野生桂花树，有直径1.8米的野生杨梅树，眼前的百里杜鹃是一幅古树参天、珍奇暗藏、鸟鸣山悠、四季鲜花不断的景象。

肖冰／摄（百里杜鹃文广局／供图）

5.百里杜鹃湖

　　水域面积400余亩，周围青山如黛，山水绸缪，水中有岛，岛上有花。春来杜鹃烂漫，惹来八方游客；秋至层林尽染，醉倒一湖鹭鸟。岛上闲情，鸟啼花间树；湖上荡舟，人在画中游。设若春宵，野外鹃声惊客梦；设若夏夜，湖畔蛙语伴君眠。百里杜鹃湖是云贵高原上一道纯洁无瑕的风景，是人类疲惫心灵返璞归真的皈依地。

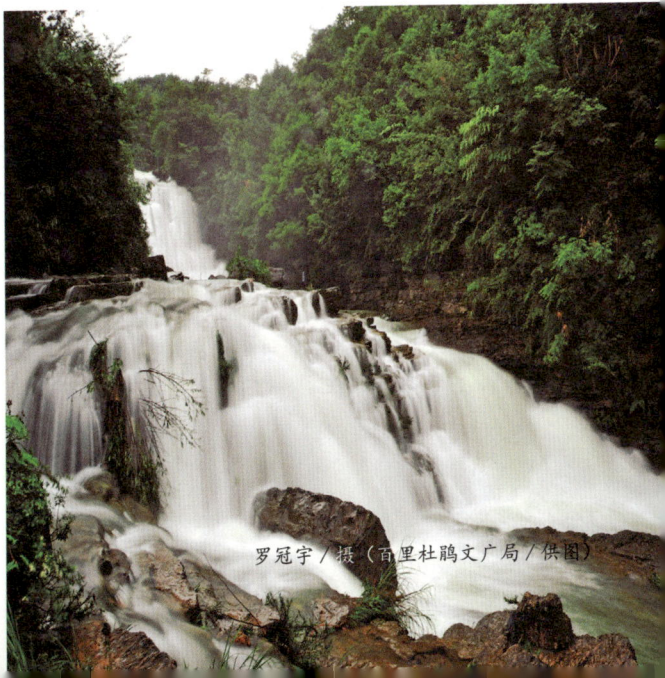

〉〉〉〉〉〉〉

罗冠宇／摄（百里杜鹃文广局／供图）

玉屏茶花泉景区

茶花泉景区距玉屏县城8千米，是依托中国油茶之乡的文化品牌和油茶产业优势，利用多低山缓坡平的丘陵地势，规划建立的生态农业为主导的景区，2018年，围绕景区开发的线路入选中国体育旅游精品项目。

茶花泉景区内步道全长共约20千米，有柏油、水泥、石板、木板等材质路面，很适宜开展户外体育活动。步道沿途分布着多种植物花草，有着四季花海、中国最美花园称号，一年四季皆可到景区游玩。

景区有油茶基地、茶花园、湿地公园、科技馆、混寨瀑布、龙泉等景点，周边还有铁柱山、卧佛山、古樟树群等自然景观和人文景观，资源十分丰富，园区内建有观光步道、文化长廊、景观亭、景区大门和导服中心。纵横交错的园区柏油道路，成为绝佳的山地自行车赛道。目前，已举办了多场山地自行车赛事。景区山清水秀、空气新鲜、道路幽静，是广大旅游、度假、骑行、摄影爱好者的必到之地。

TIPS

可先搭乘航班或高铁抵达遵义，再安排骑行，也可以自驾前往。

美食推荐

社饭、侗家荤油茶、侗家刨汤、灰碱粑、侗族腌酸菜、绿豆粉。

李南 / 供图

骑行路线

茶花泉大门广场—道塘湿地公园—茶花亭—山茶花园—龙泉—农业科技园—景区大门。

1. 钟鼓楼

位于贵州省玉屏侗族自治县县城中心十字街。该楼始建于明代永乐年间（1403—1424年），清代顺治庚寅、康熙辛未两次进行维修，它是侗族地区的标志性建筑。造型优美，结构独特，工艺精致，岿然屹立。远近流传着"玉屏钟鼓楼，半截伸到天里头"。整个鼓楼都是杉木凿榫衔接，不用一钉一铆。大小梁木，横穿直套，纵模交替，不差分毫，如同天作之合。

2. 铁柱山

铁柱山位于县城城北15千米，朱家场镇东面，一岩从一山丘凸起，如铁柱擎天，登上山顶，方圆可望数百里，岩侧有一石洞，名曰仙人洞。洞内有岩石自然成两层，上层平坦宽敞，内有燕窝饰壁，蝙蝠飞。层底有台阶，沿台阶而下，上面干爽平整，内有石凳、石桌，深处有美丽动人的石乳柱，人可行，内有三维道，洞中清泉，四时不竭，饮而清纯。

3. 古樟树群

在朱家场镇中心小学校内有数十颗香樟树群，多数是五百年的古樟树，高大挺拔，最老的有八百年（当地人称之为神树），是难得的古树景观。

陈正／供图

5 长坡岭国家级森林公园

　　长坡岭国家级森林公园位于贵州省贵阳市白云区。公园总面积为1075公顷，海拔1000～3000米，跨越白云、乌当两个郊区，是贵阳市环城绿化带的重要组成部分，是金阳新区和白云区的"绿色屏障"，森林覆盖率高达82.96%，有贵阳市"生态博物馆"之称，尤为可贵的是青翠如茵的林中天然草坪，郁郁葱葱的森林景观，林相优美，天然森林草坪为一绝，公园分布为五个景区，分别为樱花湖、森林草坪、都溪林场、两个少数民族村寨。

　　园内生物资源较丰富，植物种类较多，生态系统较多样，森林茂密，绿草如茵，原生态环境优美，气候宜人。有樱花湖、天鹅湖为代表的水体景观；有樱花林、杨树林、松树林为代表的森林景观；有碧绿如茵的森林草坪和历史悠久的森林古驿道等古迹以及以布依族婚俗为代表的独具特色、古朴自然的民俗风情和民族建筑，集山、林、水、草、古迹于一体，具有幽、秀、野、旷、古等景观特色，是理想的休闲度假、科普教育、旅游运动的场所。

　　长坡岭国家森林公园是贵阳市环城防护绿化带的重要部分，是贵阳市大型工矿企业较集中的重镇——白云区重要的绿色屏障，也是构筑金阳新区生态景观轴的重要组成。

赤水市文体旅游局／供图

TIPS

可从贵阳市区直接骑行前往，也可以先从市区搭乘地铁 1 号线至会展城或观山湖公园再骑行。观山湖公园至长坡岭国家森林公园骑行距离约 4.8 千米，需 24 分钟。公园内景区数：5；景点数：9。门票价格：5 元／人，1.2 米以下儿童、70 岁以上老人、现役军人、教师持证免票，60—70 岁老人持证半票。开放时间：8：00—18：00。

6 花果园湿地公园

骑行路线

园区内基本可自由骑行畅游。

TIPS

贵阳市区可直接骑行前往。

赤水市文体旅游局／供图

花果园湿地公园位于大贵阳城市的核心地带（现贵阳知名网红地标），公园里有千年古树银杏，吉祥如意的罗汉松，美丽迷人的老人葵，价值不菲的香樟树，十里飘香的桂花，它们同五颜六色的花草、湖中的鱼鸟、人行长廊、波光粼粼的湖面，一起组合成一幅美丽迷人的风景画。

花果园湿地公园设置了观鸟区、观鱼区、嬉水区、鲜花绿草、喷泉、茂林修竹与附近的建筑映入水面，让人浮想联翩。同时，还率先大规模引入雨水收集及中水处理系统，将处理后的水用于湿地公园水源补给、绿化、冲洗车辆和冲洗厕所，还有消防、空调等市政杂用。减少了污染物排放量，减轻了对城市周围的水环境影响，增加了可利用的再生水量，这种改变有利于保护环境，有利于整个区域的水文环境。

花果园湿地公园分动物区和植物区，植物区有数百棵大树古树，上千株乔木，上万株灌木，珍稀树木有来自广东、广西、湖南、湖北、广州及贵州本省的罗汉松、雪松、法桐、沉木石楠、万年青、榔榆、枫树、朴树、银杏、皂角、银海枣、老人葵、桂花、杨梅、香樟等700余棵，价值4000万元，其中最贵的树木罗汉松一棵价值达130万元。

动物区有面积约3500平方米的飞禽区，有鹦鹉、麻雀、白鹇鸽、黑头鹎、白脸山雀、文鸟、黄臀鹎、家燕、鹊鸲、八哥、画眉、斑鸠、红嘴蓝雀约1000只；水禽约100只黑天鹅、大天鹅、鸭子、鸳鸯；观赏鱼有可饲养锦鲤、金鱼等约3000尾；其他两个湖面以养殖野生鱼类为主，如鲤科鱼类、鳡科鱼类、鲶科、鲌科及鳢科鱼类等，共约2万尾。

小车河城市湿地公园

小车河城市湿地公园是贵阳一个完整的生态滨水公园，地处南明河上游，位于花溪大道西侧，总面积约6平方千米。一直以来，小车河湿地公园具有"世界眼光、国内一流、贵阳特色"的美誉，具有生态多样性的优势，突出海拔落差和梯次植被特色，彰显良好的河谷生态，重点建设主体景观、湿地保护区、儿童游乐区、溶洞景观区、康体休闲区、综合服务区，并配套完善垃圾处理、排污治理、慢行系统等功能，建成展示贵阳生态文明的重要窗口，是来到贵阳的骑友们必去的打卡地。

公园内各色景物依山傍水，鸟语花香，这里汇集了溪流、山谷、溶洞、森林等自然景观，不仅风光优美，而且平时游人稀少，是贵阳近郊一处免费开放的郊游胜地。

公园内设有落英飞雪、碧溪云霞、木兰林语、芰荷深处、茗泉问茶、梓木林香、水磨时光等十多处主题景观。还建有风雨桥、河滨步道、儿童游乐园、康体中心等设施，游人们可以在这里惬意漫步，享受最优良的自然生态环境。

20世纪60年代以来，先后规划建设了南郊公园、苗圃所及保护林地，森林覆盖率高，生物多样性优势明显，有植物400余种、动物200余种；山、水、洞、林、泉齐备，拥有中心城区内唯一的溶洞景观——白龙洞，以及长2.3千米的小车河。

TIPS

贵阳市区可直接骑行前往。

骑行路线

园区内可沿河骑行畅游。

陈正 / 供图

8 黔灵山公园

　　黔灵山公园属于国家4A级旅游景区，位于贵州省贵阳市云岩区枣山路187号，公园南接枣山路，东近八鸽岩路，东北有市北路，北至关刀岩、小关水库，西连长坡岭林场、七冲岭、三桥村及圣泉。距贵阳市中心1.5千米，面积426万平方米。

　　黔灵山公园是集自然风光、文物古迹、民俗风情和娱乐休闲为一体的综合性公园，因素有"黔南第一山"之称的黔灵山而得名。黔灵山由弘福寺、黔灵湖、三岭湾等六个大的游览区构成，以山幽林密、湖水清澈为特色，集山、林、泉、湖、洞、寺、动物于一体，有"贵在城中，美在自然"之称。黔灵山前有麒麟洞、古佛洞、洗钵池等古迹，山上生长着1500余种树木花卉和1000多种药材。

　　黔灵山原名大罗岭，旧名唐山。自明洪武至永乐年间（1375—1414年）镇远侯顾成游登并发现圣泉之后，山中景点始见于史籍。

　　清康熙十一年（1672年），赤松和尚云游至此，见大罗岭南众山之间有片窝地很平，这里当时是山脚苗寨大罗木寨民罗氏的祖地，他便向罗氏化缘求捐。赤松结茅庵于山中，寺庙初具规模，初期取名"黔灵山寺"，"黔灵"意为"贵州之灵山"。也就是说，这座山是因有黔灵山寺后才得名。此后，赤松和尚将黔灵山寺改名弘福寺。

TIPS

从贵阳市区可骑行前往，景区门票
5 元 / 人。公园内建议步行游玩。

美食推荐

丝娃娃、肠旺面、米豆腐、豆腐果。

赤水市文体旅游局／供图

9 甲秀楼

甲秀楼是贵阳历史的见证，文化发展史上的标志，位于贵州省贵阳市南明区翠微巷8号，地处南明河上，始建于明万历二十六年（1598年），以河中一块巨石为基设楼宇，历代屡加修葺，现存建筑为清宣统元年（1909年）重建遗存。属于第六批全国重点文物保护单位。

甲秀楼是闹市中的清幽之地，入夜后灯火辉煌，成为历史文化与现代文明的交汇处，在现代文明中闪烁着历史的光芒，昂扬着"甲秀天下"的精神风貌。

甲秀楼分上下三层，均以白石为栏，层层收进，由桥面至楼顶高约20米；南明河从楼前流过，汇为涵碧潭；楼侧由石拱"浮玉桥"连接两岸，桥上有小亭名为"涵碧亭"；整体朱梁碧瓦，三层三檐四角攒尖顶。

甲秀楼始建于明朝万历二十六年（1598年），取"科甲挺秀"之意，设有浮玉桥衔接两岸。明天启元年（1621年），甲秀楼不幸焚毁，云贵总督朱燮元重修并改名"来凤阁"。清康熙二十八年（1689年），贵州巡抚田雯重建并复名甲秀楼。清宣统元年（1909年），重修甲秀楼。1981年，文物部门按明代甲秀楼原式样重修，楼基部分采用现代建筑材料和技术，复修涵碧亭。

TIPS

贵阳网红打卡点之一。从贵阳市区可骑行前往游览，白天夜晚景色大不同。

10 贵阳蓬莱仙界

蓬莱仙界·白云休闲农业旅游景区位于白云区牛场乡蓬莱村，总规划面积66.5平方公里，核心部分占地2000亩。蓬莱仙界属于国家4A级景区，是以现代农业展示为基本功能，集生态农业、循环农业、精致农业、旅游观光休闲农业为一体的农业旅游区。景区塑造了七公里的"神农庄园""荷塘月色""佛田春韵"等"九大篇章"景观。游客不仅可以感受传统农业的田园真趣，还可以观摩现代农业的蓬勃生机，一览从未见过的名树、奇花、异果、特种蔬菜。流连于园区内，宛如行走在仙境，浓郁的布依风情也为其锦上添花，丰富的农事活动更让人们找回纯真的快乐。

每年花开时节，大面积的马鞭草、薰衣草、向日葵、荷花等争奇斗艳，形成美丽的花海景观。集休闲、观光、采摘、娱乐、农业园等于一体。

夏天的蓬莱仙界，荷塘里美丽的荷花绽放，为你的盛夏带来一片小清新。趁着阳光明媚，到蓬莱仙界与荷花赴一场约。盛夏时节，看着这满池亭亭玉立的荷花，天蓝、水清、花艳、景美，心情也会随之变得明媚无限。

TIPS

景区免费。景区内是贵阳适合骑行的路线之一，"九运会"的自行车项目就是在这里举行的。沿线的陡坡、弯道、沙石路等对一般人来说还是具有一定挑战性的，新手骑这条线估计有一些路段要推车前行。不过蓬莱仙界景区里也有平缓的适合骑车的车道，相较于沿途路线就容易太多了。

景区景点

农作物新品种展示园、特色果树品种展示园、精品茶品种与茶文化展示园、奇瓜异果长廊、农耕文化馆、布依文化馆、神仙文化馆等。

11

观山湖公园

观山湖区因观山湖公园而得名，观山湖公园位于观山大桥南北两侧，距离贵阳市中心区仅12千米，属观山湖区的中心区域，总投资为12.55亿元。公园包括观山湖北湖和南湖（原金华湖），北部与贵阳市级行政中心相连。

观山湖公园共占地5500余亩，其中森林面积4160亩，园内林木茂盛，苹果树、梨树、樱桃树、桃树等各种果树以及白玉兰、檫木、垂柳、杜英、鹅掌楸、二乔玉兰、法桐、枫香、广玉兰、桂花、红果冬青、厚朴、鸡爪槭、乐昌含笑、栾树、水杉、香樟、银杏、樱花、紫薇、柚树等各类树木，森林资源极为丰富。

由观山湖和金华湖组成的生态湿地水体面积约600亩，吸引了数百只白鹭、野鸭等鸟禽在此栖息。园内水体由7口地下山泉喷涌形成，常年保持均衡水位，一年四季碧水涟漪，波光粼粼，是观山湖区的城市"绿肺"。

贵阳夜景骑行路线以观山湖为起点，建议下午去观山湖公园骑行。开始先环观山湖公园骑行，园内风光无限，而且拥有非常规范的自行车道，全长10.5千米、宽2.5米，可以环游整个公园，公园内的骑行道有起有伏，非常适于健身。然后沿着长岭南路骑行至花果园，欣赏灯光璀璨、如梦如幻的花果园夜景。再沿着南明河畔骑行至甲秀楼，途径贵阳河滨公园，这一段路程有着贵阳最美夜景之称，傍晚骑行还可以看最美夕阳。

TIPS

公园免费。贵阳市区乘坐地铁1号线可直达。

景区景点

中心广场、湖心岛、环湖湿地、紫薇花园、铜鼓广场、辣椒广场、儿童动区、锦鸡铜鼓广场、民族文化长廊、观山湖南园、金桂园生态林、特色景观大道。景区内可骑行畅游。

林剑／供图

赤水市文体旅游局／供图

12

百花湖风景名胜区

百花湖是贵阳的第二大湖泊，面积仅次于红枫湖，有两个西湖大小。景区距离贵阳市22千米，骑行条件较好，颇受骑友青睐。百花湖以湖光山色和岩溶地貌为主体，远山清淡，近水碧澄。整个景区湖水清澈平稳，环湖山岳雄伟，形成多层次的山外山、湖外湖的气势，是诗画般优美的度假胜地。

景区最大的特点是大大小小的100多个岛屿散布在湖中，水中有山，山与水相互交错，呈现出秀、幽、奇、巧的特色，景区内有五十多个景点，现已开放的有23处，有松林远眺、双猴守园、蟹洲螺屿、观音洞、百花双狭、群峰叠翠、金蟾嬉水、孤峰独秀、奇石、营盘古堡、鸟岛等景点。其中，鸟岛是百花湖珍贵的一景，每当春冬两季，岛上百鸟盘旋，啁啾成韵，湖鸥、白鹭、灰鹭、大雁，怡然自得。湖中3个小村寨，几十户农家，驾扁舟，作渔翁，诗情画意，野趣盎然。林密、地绿、山青、水秀，使百花湖成为名副其实的避暑胜地、"天然大氧吧"。

到这里环湖骑行，感受到的是湖光山色之美，田园野趣之美。

TIPS

可从贵阳市区直接骑行前往，也可以先从市区搭乘地铁1号线至会展城或观山湖公园再骑行。观山湖公园骑行至百花湖风景名胜区，距离约9.9千米，约需50分钟左右。

13 花溪国家城市湿地公园

　　贵阳花溪国家城市湿地公园，位于贵阳市花溪区中心城区的北部，距离贵阳市中心仅12千米，是贵州省首个国家城市湿地公园。平均海拔1140米。年平均气温14.9℃，具有生态"大氧吧"、天然"大空调"的美称。贵阳花溪国家城市湿地公园内的花溪河以真山真水的自然景观深受人们的赞誉，可谓"花香满溢泗水流，溪涧情浓爱意浓"，因此又被誉为"中国第一爱河"。

　　公园规划总用地850公顷，其中十里河滩段面积约219公顷、山体公园面积是390公顷、花溪公园58公顷、洛平至平桥观光农业带183公顷。在湿地公园十里河滩畔还有占地面积130余亩的孔学堂建筑群，与大学城共同形成贵阳市风景、历史、文化长廊。

　　公园以花溪河为纽带，串联起十里河滩、花溪公园、洛平至平桥观光农业带三个景区，是全国罕见的城市湿地。（骑行中只需沿着花溪大道往前）

赤水市文体旅游局/供图

周边景点

1. 花溪十里河滩、平桥

十里河滩景区南起牛角岛，北至龙王村，西临花溪大道，东抵大将山山脉，长6.5千米，面积2.19平方千米。十里河滩湿地生态系统包括农田湿地、河流湿地、沼泽湿地、河滩湿地、湿草甸、沟渠等多种类型，具有蓄水及削减洪峰的功能，能够调节气候，改善环境；蕴藏了极其丰富的生物资源，其中有国家级和省级重点保护植物7种——香樟、榉树、青檀、沉水海菜花、银杏、牡丹、杜仲，国家重点保护野生动物5种——大鲵（俗称娃娃鱼）、游隼、红隼、岩原鲤、多斑金线鲃。十里河滩景区秀峰环抱，竹木夹岸，洲岛错落，跌水潺潺，鱼游碧水，鹭戏浅滩，还有水车、碾坊、粮仓等人文景观。陈毅元帅曾赞叹"十里河滩明如镜，几步花圃几农田"。

花溪平桥和十里河滩绝对是贵阳骑自行车的胜地。花溪平桥、黄金大道、阳光水乡观光农业带，这一路不仅道路平坦、风景优美、租车方便，而且沿线美食和娱乐项目众多。骑行观光的同时还可以品尝各种美食、玩耍各种游乐项目，大人小孩都合适，所以周末到这两个地方骑车的人可谓是络绎不绝。

2. 花溪公园

花溪公园作为风景区，始于民国28年（1939年）4月，公园原名"中正公园"，1940年3月，公园建设基本完工，由时任黔省政府主席的吴鼎昌亲自主持落成典礼。次年，何应钦为公园大门坊额题写了"中正公园"四个字。1949年，正式命名为花溪公园。2009年12月，花溪公园被纳入花溪国家城市湿地公园。

花溪公园四山夹一水、一水带四山，四山即麟山、蛇山、龟山和凤山，麟、蛇据北岸，龟、凤峙南岸。一水则为花溪河。主要景点有音乐广场、芙蓉洲、百步桥、坝上桥、麟山、龟山、松柏园、碧桃园、牡丹园、竹莲池、棋亭、憩园、西舍、戴安澜将军衣冠墓、平桥、黄金大道等。公园融真山真水、田园景色、民族风情为一体，是贵州省著名风景区，被誉为贵州高原明珠。

3. 大将山景区

大将山脉位于花溪大道东侧，与花溪河相依相偎，面积3.9平方千米。山势雄伟峻峭，植被良好，山下村庄农舍，溪水蜿蜒，山上松林浓郁，山间多为林间台地，形成开敞的林窗，建有观景亭，可俯瞰十里河滩的优美景色。

14

天河潭旅游度假区

　　天河潭是以典型喀斯特自然风光为主、历史名人隐士文化为辅的4A级风景名胜区，位于贵州省贵阳市花溪区石板镇，距贵阳市中心24千米，距花溪13千米，总面积为15平方千米。

　　景区融山、水、洞、潭、瀑布、天生桥、峡谷为一体。山中有洞，洞中有水，有贵州山水浓缩盆景的美称，被誉为"黔中一绝"。

　　景区有太阳广场、贵阳故事街、滨水休闲区、五色花海、户外婚庆草坪等区域，并配套有文化娱乐、餐饮购物、休闲度假、商务会议、民俗体验、户外婚礼等多元化服务。全新打造的水秀景观，将现代科技元素与水文化相结合，呈现"白天一景、晚上一秀"。

　　最早发现和赞美天河潭的是著名诗人吴中蕃，曾留下天河潭八景诗，现已整理编印成书的有《名人颂天河潭》《洞桥天生——天河潭》和《吴中蕃诗萃详释》。谷牧题写的"黔中一绝"尤为高度赞美天河潭之美景。

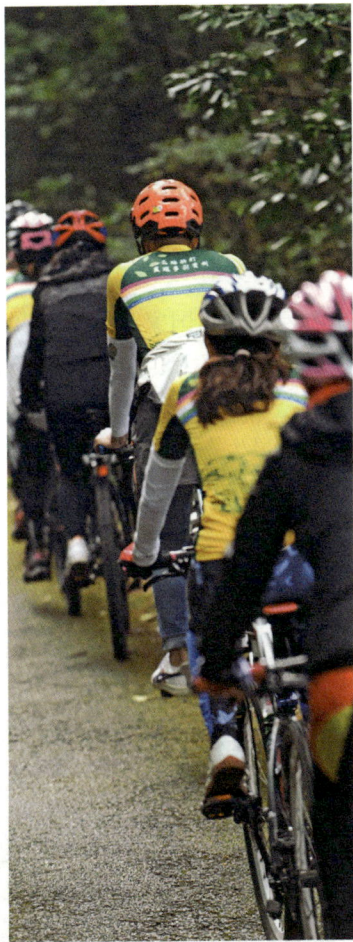

林剑／供图

TIPS

可直接从贵阳市区骑行前往，也可自驾到景区后再骑行。从贵阳龙洞堡机场骑行至天河潭旅游度假区，距离约 32.3 千米，耗时约需 2 小时 42 分钟。景区通票 80 元／人（包含游览景点：外景山水瀑布、田园风光、水溶洞、旱溶洞）。高空滑翔天河潭滑索全长 400 米，飞架于景色秀美的天河流水，南北两岸悬崖高峰之巅，气势雄伟，穿梭高空之中，尽览天河风情。乘船欣赏溶洞风光也值得体验。

云漫湖国际休闲旅游度假区

云漫湖国际休闲旅游度假区位于贵安新区马场镇，是一座以自然景观和瑞士风情为特色打造的集田园休闲、家庭教育、生态度假、商务活动等为主要功能的高端休闲旅游度假区。

云漫湖属国家4A级旅游景区，总规划用地5.7平方千米，总投资额约80亿元，以生态、环保为理念，以自然景观和瑞士风情为特色，满足个人、家庭的旅游用餐和商务休闲需求。景区主要由森哒星生态度假公园、瑞士小镇、湿地公园、秘密花园、岩石花园、星空露营地、花海、天鹅堡等景点组成。

刘啓钧／摄

TIPS

可直接从贵阳市区骑行前往，也可自驾到景区后再骑行。从贵阳龙洞堡机场骑行至云漫湖国际休闲旅游度假区，距离约52.4千米，耗时约需4小时22分钟。

泉湖公园

　　泉湖公园位于贵阳市白云区主城区南侧，公园核心区域北依南湖路，东至云峰大道，南临龙井路，西侧以翡翠湾为界。公园总占地面积约1080亩，其中，水域面积205亩，绿化面积达750亩，是白云区打造"诗意白云·云中七卷"的开篇之作，也是贵阳市27个"千园之城"示范性公园之一。公园包含"十一景"，分别是云楼、泉湖秘境、夜郎古城、温澜对雪、空山止水、水舞天章、百戏云阶、水玉长桥、云山石韵、数聚泉湖等。

　　其中，水舞天章景点由泉湖中的大型水幕喷泉组成，喷泉面积近3000平方米，喷泉长150米，最高可达80米，水幕半径16米，是西南地区集水系、声光电和影像技术所打造的最大规模水幕景观。

赤水市文体旅游局／供图

除了景致之外，泉湖公园在很多细节方面也是匠心独运。比如"生态地下停车场"，泉湖公园生态地下停车场是在台地式阶梯景观旁设置的地下室空间。它前后通透，玻璃外墙有水顺流而下形成微型瀑布。水天一色的下沉式空间和地下室构成动线零距离平台，形成科技与自然、水系相融的地下室生态景观。

此外，为了做到"还湖于民、还生态于民"，泉湖公园在原有生态环境下打造出了一个透明的水下生态循环系统，通过7级净化体系使水质得到改善，水体透明度达1.5米以上，让泉湖重新焕发生机，恢复纯净生态水环境。

泉湖公园还打造了一面2.5维的空间挡墙，将贵阳的时代变迁以2.5维图画照片的形式生动展现，从街边摊的烤小豆腐到打糍粑等各种场景，唤起不同年龄层人群的乡愁回忆。

为了让市民和游客零距离地接触大自然，泉湖公园选用从荷兰进口的混播型耐踩草坪。这种由矮生百慕大和黑麦草组成的冷暖混播草坪，最大的特点就是耐践踏。

TIPS

可直接从贵阳市区骑行前往，景区免费。贵阳龙洞堡机场至泉湖公园30.6千米，骑行约需2小时33分左右。

17 贵御温泉

贵御温泉为国家4A级旅游景区，位于"黔中秘境、生态乌当"，景区青山相拥，空气清新，幽静雅致，是城区难得的天然氧吧，自然环境得天独厚。

贵御温泉距贵阳市中心7千米，距贵阳龙洞堡国际机场约8千米，距贵阳火车站约10千米，是集温泉泡汤、客房、餐饮、棋牌、会议、美体保健等为一体的露天温泉休闲度假景区。共有形态、大小、水温各异的特色泡池20余个和标准游泳池1个。温泉区包含水疗区、儿童戏水区、特效药池区、漩涡浴、波光浴、石板浴、鱼疗、国标尺寸的温泉游泳池等。

贵御温泉源于地下1900米深热水层，水温高达53℃，日出水量巨大。水质清澈，无味无色。水中富含锶、氡等30多种矿物质及微量元素。

TIPS

可直接从贵阳市区骑行前往，周边还可沿南明河畔骑行。

18

情人谷

　　贵阳情人谷因神奇美丽的爱情传说和奇秀的峡谷风光而闻名。景区位于贵阳市乌当区东风镇境内，距贵阳市中心7千米，面积6平方千米。

　　整个峡谷，景致多而神奇，除峡谷风光外，密林深处、悬崖之间有多处溶洞，洞内钟乳石千奇百怪、各显其趣，如"望天厅""通天洞""神仙洞""犀牛洞"等。景区内可划船、漂流、攀岩、洞穴探险寻宝、烧烤等，是一个休闲纳凉、亲近自然、感受自然、陶冶情操的好去处。

　　在诸多景致中，最具传奇色彩的是"金龟托桥"一景。在峡谷两岸最陡峭的河谷中，一座酷似龟的巨石托起一座桥横跨河谷。在水流的激荡中，这只"巨龟"在水浪中时起时伏，活灵活现。关于"金龟托桥"，有一个美丽的传说，这也是"情人谷"得名的缘由。

　　在千年前，情人谷两岸的深山里分别有两个苗族村寨叫地吾岭和米汤井。地吾岭有一位后生阿山，英俊勤劳；米汤井有一位少女阿水，多情美丽。阿山常到情人谷打柴，阿水常到情人谷放羊。他们经常隔河相见，时间一长，便互打招呼，互相问候，于是日久生情。一天，阿水情不自禁，羞红着脸向对岸的阿山唱道："大河涨水水浪沙，鱼在河中摇尾巴；几时得鱼来下酒？几时得哥来成家？"阿山一听，心中大喜。马上回唱道："哥隔水来妹隔崖，绕山绕水都要来；哥变燕子飞过河，妹变蜜蜂飞过崖。"他们以歌传情，信誓旦旦。

　　为了能过河和心上人在一起，阿山砍树搭桥。但河水太猛太急，搭桥的树木一次次被无情的河水冲走。阿山正在焦急万分之时，一只巨龟浮现水浪之中，为阿山托起桥木，帮他过河与阿水相会。于是阿山和阿水通过龟的帮助，天天都能在一起，彼此热恋，如胶似漆。他们的恋情被阿水的父母知道了，阿水的父母嫌阿山家里贫穷，坚决反对，并要将阿水嫁给寨主的憨儿子。阿山和阿水痛苦万分。为了永不分离，双双离家躲进情人谷深处某溶洞中，过着没有世俗羁绊，相亲相爱的日子。这故事神奇动人，流传至今。

情人谷美丽的爱情传说故事，给这里的山水风光增添了无穷的魅力，令人回味悠远，遐思万千！

TIPS

情人谷景区内花果漫山遍野，乡村风味独具特色。可骑行、划船、漂流、攀岩、探洞，也可篝火露营、欢聚通宵。三至五月，桃花盛开、鲜果诱人；六至七月，杨梅红透、桃李芬芳；八至十月，硕果累累、秋色迷人；寒冬之际，蜡梅飘香。

19

鱼洞峡风景名胜区

鱼洞峡风景区位于贵州省贵阳市乌当区东风镇境内，距贵阳市中心15千米，处于黔中隆起与黔南凹陷的过渡带。

鱼洞峡景区内山峦波状起伏，陡岩峭壁耸立，形成奇特的岩溶绝壁、峡谷景观，南明河、鱼梁河、鱼洞河迂回交错，有"十里河湾"的美誉。景区以来仙阁和鱼洞峡两景点为骨架。鱼洞峡上游是地下河溶洞以及人工湖，湖两岸是高200～235米的峡谷，悬崖绝壁，河谷狭窄，天水一线；下游在清澈的鱼洞河，修筑了5道堤坎，形成了一个10000平方米的游泳场和4个划船区，集跳水、游泳、划船、冲水滑梯等多种娱乐、健身功能为一体。

步入谷中，凉气袭人，谷景令人赏心悦目，河面幽静深远，景色小巧灵秀。泛舟湖上，两岸峭壁悬岩，头顶一线天，藤条攀岩附壁，阳光穿过清晨薄雾，透过茂密的灌木挤进谷中，在湖面上撒下斑驳的倩影，景色如诗如画，十分迷人。

景区以鱼洞河为主脉，以青山绿水、清新、幽静为主格调。鱼洞河自下而上分布有大坝、渔洞峡、文笔碉、大龙、小哨、鱼宫等景点。游客进入景区，无论是在大坝戏水，鱼宫内碧水荡舟，观赏凹岩、天水一线、悬崖绝壁，还是深入鱼洞、龙泉翠谷探幽，品尝大龙泉水，或是登文壁碉等，均能获得清、新、美、绝、险的感受。

可直接从贵阳市区骑行前往。

罗冠宇 / 供图

20

羊昌花画小镇

羊昌花画小镇位于贵阳市乌当区羊昌镇，属于国家4A级景区。花画小镇是一个集观光、娱乐、文化体验、休闲度假、商务会议为一体的综合性文化休闲旅游地，景区划分为十二大功能区，包括特色民俗餐饮区、亲子休闲游乐园、中草药园区、农耕文化园、知青文化园、精品花卉生产基地、创意农特产品园等。

主要景点有奇幻村、竹廊架天桥、水东文化广场、花艺步行街、知青文化园、都市农业创意馆等。

其中奇幻村将农业和动漫主题体验乐园结合，6000多平方米的体验馆专区，分别以大地之源、万物众生、绿叶仙踪、百花王国、开心果园、森林氧吧、触动未来为主题，分别对应了种子、根茎、绿叶、花朵、果实和森林，完整而生动地诠释了植物的生长过程，以及对未来农业的展望，形成游览主线，采取了动画、漫画、游戏等影像互动内容以及全息、虚拟影像、VR虚拟现实等高科技展示技术，加上一个集合了动漫表演、各种农事DIY、VR体验、5D影院等内容的体验专区，构建了以互动式体验为核心，汇聚吃、喝、玩、乐、购、游、娱等多元业态的农业主题式体验馆。

知青文化园占地30亩，它原来是贵阳市第一人民医院的知青点，翻新打造成知青文化园，诉说着知青时代的故事。

肖玉洁／供图

21 威宁草海

贵州威宁草海是中国著名三大高原湖泊之一、贵州最大的高原天然淡水湖泊、中国一级重要湿地、国家4A级旅游景区、世界十大观鸟基地，被《美国国家地理》杂志评选为世界上最受欢迎的旅游胜地之一。

草海，又名南海子、八仙海，位于贵州省西部威宁县县城西南面，水域面积约26.5平方千米，是一个完整、典型的高原湿地生态系统，是黑颈鹤等228种鸟类的重要越冬地和迁徙中转站。

这里四面青山环抱，林木茂密，水天一色，湖中白帆点点，波光粼粼。尤其是盛夏时节的威宁草海湖畔，马鞭草花盛开、万寿菊惊艳、荞麦花烂漫。每当夕阳西下之时，骑着自行车环草海湖一周，看看那一望无际的金色花海，绝对让你流连忘返，这里也因此成为贵州骑行热门目的地。

此线路不仅串联起威宁草海，还串联起草海北岸寿菊观光带、板底万亩荞花、百草坪天然草原等，一起骑行，花海泛浪，鸟语花香，美不胜收，是贵州最美的骑行路线之一，也是官方推荐的骑行线路之一。

TIPS

1. 威宁草海湖畔马鞭草、万寿菊、荞麦花花期在 7—8 月，尤其是 8 月份，37 万亩万寿菊进入盛花期，漫山遍野的苦荞花、甜荞花竞相绽放，争芳斗妍，花海泛浪，尤为壮观；

2. 阿西里西大韭菜坪有近万亩的野韭菜花，7 月底开始绽放，花期持续至 10 月底，漫山遍野都是紫色的花朵，韭菜坪在山峰上，在烟雾缭绕中甚是好看。建议 8—9 月去骑行最适宜。

骑行线路

威宁草海开始骑行（先环湖骑行一圈）—威宁百草坪草原—板底古彝族风情寨—板底万亩荞花观赏园—阿西里西大草原—阿西里西大韭菜坪。

周燕林／供图

桃源河

　　中国首创"魔幻"漂流地——桃源河，是国家4A级旅游景区——贵阳桃源河旅游景区。以峡谷景观为核心，区域总面积约16平方千米，清澈见底的桃源河贯穿其中，景区内集湖、山、河、洞、泉、瀑、峡、化石等各种自然生态景观于一体，蜿蜒连绵的峡谷内，奇峰、峭壁、飞泉令人叫绝，三道响梯级大瀑布响水惊天，珍珠滩、犀牛潭、玉女群瀑布风情万种，古生物化石群再现了亿万年前的海洋生物画面，峡谷环境优美、植被繁茂、空气清新、鸟语花香、河水清澈迷人。

　　桃源河素有"人间仙境""黔中福地"之称，是黔中自然风光、人文景点荟萃地。桃源河河水湍急，是漂流探险的绝佳场所，素有"黔中第一漂""中国魔幻漂流"的美誉！漂流里程总长约10千米，落差200米，漂流最大的特色就在节奏紧凑、激流跌水分布均匀，漂流途经三道响大瀑布时，从"魔幻洞渠""峭壁引槽""架空滑道"飞跃至瀑布下游的峡谷，使您在极度惊喜之中体验极速刺激。

　　"桃源在何许？西峰最深处。不用问渔人，沿溪踏花去！"当年谪居修文的王阳明先生畅游此地，留下了这千古传诵的动人诗篇！在这如诗如画的峡谷中欣赏美景，体验有惊无险的魔幻漂流，挑战水上乐园的无限刺激，尽情享受休闲水疗的舒适惬意，令人心旷神怡、流连忘返。桃源河是闲暇之余，结伴携友，远离城市喧嚣、感受自然生态的天然净土。

TIPS

可直接从贵阳市区骑行前往。

23 苏格兰牧场

　　苏格兰牧场是集生态农业观光、旅游度假、休闲娱乐、疗养居住为一体的生态农业观光园。这里有高尔夫练习场、马术俱乐部、滑草场、烧烤场等；还有蓝蓝的天空、青青的草原、成群的牛羊，加上哥特式的古老建筑，尽显苏格兰异域风情。在这里，可以观赏草原风光、体验马术、练习高尔夫、滑草，还可以骑行、登山、野外拓展训练、垂钓、烧烤、草地露营等。

TIPS

可直接从贵阳市区骑行前往。牧场开放时间：9:00—18:00。

十里画廊

"十里画廊"乡村旅游区位于贵阳市开阳县，由禾丰乡和南江乡沿清龙河畔的10余个自然村寨组成，主要以沿河两岸的田园风光为载体，提供观赏、采摘、游乐等体验性休闲活动。

"住农家屋、吃农家饭、干农家活、享农家乐"是"十里画廊"乡村旅游区最大的特色，特别是打富硒糍粑、摘富硒枇杷、品富硒绿茶、尝富硒米酒、吃富硒豆花、享富硒盛宴、观民族风情等，更是最大的休闲旅游亮点，也是游客参与率和重游率最高的旅游项目。

开阳十里画廊的主要观光景点是"十里画廊"八景，其中包括"旧林故渊"——凤凰寨、"古风河韵"——河湾平寨、"廊桥遗梦"——万寿古桥、"玉水金盆"——底窝八寨田园风光、"土司古寨"——马头寨、"云山茶海"——百花富硒有机茶园、"水调歌头"——水头布依寨、"书香门第"——王车书法村等，民风淳朴、依山傍水。

TIPS

可直接从贵阳市区骑行前往。

骑行线路

王车村—水头寨—马头寨—云山茶海—香火岩景区—南江坪寨—凤凰寨—南江大峡谷；线路全长约 65 千米，其中最远段为水头寨—马头寨，线路长 18 千米左右。

25 石阡温泉

　　石阡温泉风景名胜区为首个国家级温泉群风景名胜区，国家4A级旅游风景区，位于贵州省铜仁市石阡县南部城南松明山下。石阡温泉又名城南温泉，是中国最古老的温泉之一，其设施始建于明万历三十四年（1606年），延续至今已有400多年的历史，有着独特的洗浴文化传统，是全国仅有、世界少有的既可洗浴，又能直接饮用的天然矿泉温泉。石阡温泉富含丰富的硒、锶、锂、氡、锌、碘、偏硅酸等多种对人体养生保健有益的微量元素，对糖尿病、冠心病、高血压、关节炎、神经炎、皮肤病等有很好的辅助医疗效果，是全国闻名的"泉都之乡"。

TIPS

外地骑友可先搭乘航班或高铁抵达铜仁再转到石阡。
路程较远，请合理安排，建议选择"4+2"的方式出行。

刘啓均／供图

金海雪山

　　第一次听到金海雪山，很容易让人误以为是类似于西藏那种金色云海+洁白雪山的景象，而实际上金海雪山指的是春天里，在贵州省贵定县盘江镇音寨村漫山遍野的李花和万亩金黄的油菜花交相辉映的场景。

　　沿瓮城河畔，环绕观音山，以被誉为"中华布依第一寨"的音寨村为中心，整个金海雪山景区四周皆为平坦的坝子，是贵州少有的土肥水美之地。

　　音寨是一个有600年历史的传统布依族村寨，家家户户都在自己的房前屋后山坡上种植李树。每至春分，从音寨极目四望，远山近峦，到处绽开雪白纯洁的李花，这就是远近闻名的盘江酥

陈正／供图

李之花。成片盛开的李花恰与音寨河两岸满田满坝盛开的金黄色油菜花形成鲜明对比，白色、黄色交相辉映，粉红色的桃花点缀其间，翠绿色的树丛衬托其底，布依山寨隐于其中，绚烂的色彩，旖旎的景致，华丽的气质，万亩油菜花和千顷李花构成了"金海雪山"之奇景。

每年的3、4月份，油菜花和李花盛开的时候，很多骑行爱好者，都会与三五好友相约，一起到花海中骑行游玩，赏花拍照，来一场亲近大自然的休闲观光之旅！

沿景区修建的观光骑行车道骑行游览，从景区正门出发，经音寨村、观音寺到四季花谷和匠人小镇，再沿河折返到油菜花海、玻璃桥和景区正门，整个行程大约15千米，几乎没有什么坡度，景色十分优美，是非常适合普罗大众的休闲骑行观光路线。

TIPS

可从贵阳市区直接骑行前往。全程约82.1千米，骑行时间约需 6 小时 53 分钟。

骑行线路

景区正门—音寨村—歌舞表演场—观音寺—四季花谷—匠人小镇—油菜花海—音寨河边—玻璃桥—景区正门。

27 剑河温泉

剑河温泉位于贵州省黔东南州剑河县城东北部岑松镇，所在之地被命名为"温泉村"，泉眼所在之处被命名为"热水沟"。热水沟有六处泉眼，四季不涸，日出水量约5000吨，出水口温度约50℃。

热水沟的开发始于1984年，此后到剑河泡温泉的人逐年增多，但更新缓慢的基础设施越来越满足不了慕名前来娱乐、疗养游客的需要。为从根本上改变"大资源、小产业、低效益"的尴尬局面，剑河县委、县政府从2014年6月开始，投入巨大财力、物力、人力对温泉景区实施全面升级改造，致力于打造"国际知名、国内一流、贵州唯一"的温泉旅游度假胜地。

2015年，剑河温泉成功纳入贵州"全省100个旅游景区"省级重点示范旅游景区，得到省市的扶持。

2017年夏季，全新打造的剑河温泉城正式开业，核心区总占地面积约430亩，建筑面积约10万平方米，总投资约12亿元，是四季全天候运营项目的苗侗文化园林主题康养温泉，被评为国家4A级景区。

李南／供图

第三节

山地贵州探秘行

贵州景色绮丽多彩，自然的鬼斧神工造就了众多让人震撼称奇的自然景观，更是孕育了"世界大瀑布之一""世界上岩溶地貌发育最典型的地区之一"等独特的自然风光，域内山多水多民族多，是大自然对贵州的馈赠，也是我们骑行旅游爱好者的福气。

贵州喀斯特地貌是喀斯特地形的典型发育，面积为10.91平方千米，占全省总面积的61.9%，整体呈现多而奇的特色，堪称一绝。

因此，要看喀斯特景观，最理想的地方当然是贵州，广泛分布的岩溶地貌是构成贵州特色旅游资源的基础，岩溶面积约13万平方千米，是我国最大的岩溶分布区。

朱世宇／供图

贵州有地上和地下两条奇异的喀斯特风景线——发育于地表的石芽、漏斗落水洞、竖井、洼地、峰林、峰丛、天生桥、岩溶湖、瀑布、跌水等和发育于地下的溶洞、暗河、暗湖、伏流等纵横叠置，形成了一个极富地域特色的自然"岩溶博物馆"。著名的黄果树大瀑布、龙宫、织金洞、马岭河、小七孔等高品位景观，就是这个喀斯特王国的典型代表。

"捣珠崩玉，飞沫反涌，如烟雾腾空，势甚雄烈。所谓，珠帘钩不卷，匹练挂遥峰，俱不足以拟其壮也。高峻数倍者有之，而从无此阔而大者。"这是明代旅行家徐霞客老先生在观赏黄果树瀑布时留下的感慨。

黄果树瀑布属喀斯特地貌中的侵蚀裂典型瀑布，高为77.8米，其中主瀑高67米，瀑布宽101米，其中主瀑顶宽83.3米，黄果树瀑布出名始于明代旅行家徐霞客，经过历代名人的游历、传播，成为知名景点。这也是《西游记》水帘洞的取景地。

龙宫位于贵州省安顺市南郊，国家5A级景区，与黄果树风景区毗邻。作为中国最长、最美丽的水溶洞，集溶洞、峡谷、瀑布、峰林、绝壁、溪河、石林、漏斗、暗河等多种喀斯特地质地貌景观于一体，是喀斯特地貌形态展示最为全面、集中的景区，被誉为"天下喀斯特，尽在龙宫"。

贵州高品位旅游资源众多，一山一景，景景不同。骑行在喀斯特地貌孕育下的瑰丽奇景中，宛如畅游神话中龙王所居的水晶宫殿，在水雾弥漫中骑行，尽情探秘喀斯特的震撼奇观。

朱世宇/供图

目的地推荐

朱世宇/供图

1 黄果树瀑布

　　黄果树瀑布位于中国贵州省安顺市镇宁布依族苗族自治县，是珠江水系打邦河的支流白水河九级瀑布群中规模最大的一级瀑布，因当地有一种常见的植物"黄果树"而得名。连环密布的瀑布群宏伟壮观，闻名于世，享有"中华第一瀑"的美誉，也是世界上最阔大壮观的瀑布之一。奔腾的白水河在这里从悬崖绝壁上直泻而下，形成九级瀑布，落差高达100余米，漩涡无数，声如雷鸣，响达千米。水雾经阳光折射，五彩缤纷，变幻无穷，壮观无比。

　　黄果树瀑布属喀斯特地貌中的侵蚀裂典型瀑布——以它为核心，在它的上游和下游20千米的河段上，共形成了雄、奇、险、秀风格各异的瀑布18个。为便于观赏瀑布奇景，附近建有观瀑亭、望水亭，并筑有直通犀牛潭的台阶和石梯。1999年被大世界吉尼斯总部评为世界上最大的瀑布群，列入吉尼斯世界纪录。黄果树瀑布现为国家5A级风景区。

TIPS

可先乘飞机抵达安顺黄果树机场或乘火车、高铁直达安顺市，再骑行前往，还可以通过"4+2"的方式前往目的地。

朱世宇/供图

2 龙宫景区

赤水市文体旅游局 / 供图

TIPS

可先乘飞机抵达安顺黄果树机场或乘火车、高铁直达安顺市，再骑行前往，还可以通过"4+2"的方式前往目的地。自 2018 年 10 月 1 日起，龙宫风景名胜区旺季门票价格由 150 元 / 人降为 130 元 / 人。

龙宫景区是国家重点风景名胜区、国家首批5A级旅游区，它位于贵州省安顺市的南郊，与黄果树风景区毗邻，距省会贵阳市116千米。总体面积达60平方千米，分为中心、漩塘、油菜湖、仙人箐四大景区。这里有着全国最长、最美丽的水溶洞，还有着多类型的喀斯特景观，被游客赞誉为"大自然的奇迹"，堪称水旱溶洞最多、最集中的地方之一。这里更是贵州接待条件最成熟、景观最精华的黄金旅游点之一。

　　龙宫景区是天然辐射剂量极低的一处所在，而且这里森林覆盖率高达90%以上，徜徉在森林中，沁人心脾，可以呼吸到含大量负氧离子的空气；这里冬无严寒、夏无酷暑，夏季极少超过30℃，加之昼夜温差大，白天尽管烈日高照，傍晚依然凉爽宜人。在龙宫，可以不需要空调、不需要防晒霜……是游客洗肺养生的好地方。龙宫游览精华主要集中在中心景区、群芳谷景区和漩塘景区，需要一天的时间，或乘船穿梭在溶洞暗河之中，或徒步行走在山林田园之间，体会这里的神秘和精彩。

游玩路线

1. 龙宫—黄果树瀑布—石头寨—夜郎洞。
2. 龙宫—黄果树瀑布—天星桥—黄果树漂流—朗宫。
3. 龙宫—安顺—天龙屯堡（天台山）。

美食推荐

1. 豆腐炖辣子鸡，红油里浸着大块的鸡肉，观之诱人食欲，食之香辣爽口。
2. 腊肉血豆腐，据说这血豆腐已有几百年历史。当年朱元璋的部队屯兵打仗，将豆腐浸入热腾腾的猪血中，风干储存，要吃时切下来或蒸或煮，既方便又有营养，特别是与腊肉同食，又鲜又糯，别有风味。

李南/供图

3 红枫湖景区

红枫湖景区是贵州西线黄金旅游第一站，4A级景区。景区面积200平方千米，是一个融高原湖光山色、岩溶地貌、少数民族风情为一体的国家级风景名胜区。

湖边有座红枫岭，岭上及湖周多枫香树。深秋时节，枫叶红似火，红叶碧波，风景优美，故名"红枫湖"。

景区由北湖、南湖、中湖、后湖四部分组成，北湖以岛闻名。其中鸟岛、蛇岛、龟岛等诸多岛屿如散落的珍珠一般点缀在万顷碧波之上，形成了独特的景观；北湖沿岸，有西汉的古墓群，有明代的"苗王营垒"，如今仍可感受到那种烽火烟城的感觉。

南湖以洞著称。将军洞、打鱼洞、水下洞和大口洞等幽谷洞穴蔚为奇异。尤其是将军洞，水涨时形成独特的"洞中湖"，洞中水质明净，乘船游程1400米，这里可一边欣赏千姿百态的钟乳石，一边倾听神奇的古老传说。北湖与南湖之间，有中湖连接。中湖狭窄，两岸层崖峭壁，山势险峻，景色俊美，山巅之上一石似亭亭仙姑，一石若含笑罗汉。后湖湾汊众多，纵横交错。看似山穷水尽，忽又柳暗花明，船头一转，山水如画，尽收眼底，加之附近的村落，归来的打鱼船，手拉手的情侣，舞姿翩翩的苗族姑娘，构建了一个世外桃源之境。

红枫湖水域总面积为57.2平方千米，蓄水量可达6亿立方米，为贵州高原人造湖之最，据专家考证的数据显示，红枫湖比北京的十三陵水库大12倍，相当于6个杭州西湖。

据说红枫湖地区的规模开发已有六百多年的历史。早在明洪武二十三年（1390年），征战云南回师的明军万余人，在明威将军焦琴的统领下，分驻在今猫跳河中游一带，建立威清卫，实行军屯。今红枫湖镇中一、中八、右二、右七、后五、后六、刘官堡、陈亮堡、龙井堡等地，都是昔日屯军的驻地，屯军"三分戍守，七分屯田"，揭开了这片热土农业开发的序幕。之后，经过历代农民前仆后继的辛勤劳作，把这片荒漠的处女地，建成了清镇的"粮仓"。

冬去春来，贵阳红枫湖畔万亩花海争相开放，邀上三五好友，到这堪称世界上最大的花海深处奔赴一场花的盛会。

TIPS

可从贵阳市区直接骑行前往，也可在市区搭乘地铁 1 号线至会展城站或观山湖公园站，然后再骑行。观山湖公园至红枫湖骑行距离约 24.4 千米，约需耗时 2 小时 2 分钟。

骑行线路

环红枫湖骑行（约 80 千米），每年深秋的 11 月至 12 月，湖边枫树层林尽染，叶红似火，落叶碧波，风景优美。
湖泊乘船游览，乘船游玩时间 建议 3～5 小时；开放时间：旺季：8:00—18:00；淡季：8:30—17:30；门票 40 元 / 人，船票 50 元 / 人（必备交通工具）。

李正伦/供图

4 长顺杜鹃湖

　　杜鹃湖景区是全国唯一的水上杜鹃花景区，集山、水、花、鸟、林、泉、洞、寨于一体。以港汊幽深、明洁如镜的水面和姹紫嫣红的杜鹃花及风格独具的布依族、苗族民居为主要特色。

　　杜鹃湖风景区位于贵州省黔南州长顺县境内，属古夜郎国政治中心，与贵阳、安顺成金三角之势，交通便利，东距贵阳102千米，西达安顺85千米，与黄果树、龙宫、红枫湖等著名景区共同构成贵州西线旅游环线。

　　杜鹃湖风景区以长达7千米的人工湖为主体，四周群山环抱，湖面烟波浩渺，湖水碧绿如镜，山顶烟雾缭绕，山下微波拂岸。杜鹃湖的森林覆盖率近90%，生长着原生态的常绿杜鹃花。每年2至5月，杜鹃花漫山遍野地绕湖绽放，5至7月，杨梅喜获丰收，7至9月，满山的野毛栗、各种香菌、众多的候鸟布满湖的周围。

TIPS

可从贵阳市区直接前往，也可从安顺直接前往。或者直接"4+2"先自驾抵达长顺县。景区距离县城西北18千米，可骑行前往。

门票40元；船票40元。最佳游览季节：2月至5月是观杜鹃花最佳时节，漫山红遍，姹紫嫣红；5月至7月，是杨梅收获的时节；7月至9月是避暑、休闲度假、垂钓的最佳时节，满山的野毛栗、各种香菌、众多的候鸟布满湖四周；9月至11月是观赏湖岸红叶的好时节。

美食推荐

野生杜鹃湖鱼宴。

李南/供图

5 兴义万峰林

　　兴义是贵州省黔西南自治州的地级行政区首府，地处贵州、云南、广西三省区结合部。这里不仅是贵州最适宜人居的地方，也是最接近国际标准宜居气候的地方。这里有世界最美最壮观的喀斯特地貌，拥有得天独厚的户外运动资源。

　　在万峰林、万峰湖、马岭河峡谷这三个国家级的风景名胜景区里，拥有100多千米的天然骑道，骑行的沿途即可欣赏到原生态自然景观和丰富多彩的民族文化。

　　沿着丰都大道、万峰大道、绕城环线、纳灰村等路段一路骑行，仿佛穿越在水墨画般的风景里。

　　兴义万峰林属4A级风景区，它的美在于天然形成的最壮观的喀斯特地貌，堪称中国锥状喀斯特博物馆，拥有得天独厚的户外

骑行线路

路线一：是面向景区下方的右侧，这条路是崎岖的山路，假如骑自行车游览，一直往右边的道路上骑行过去，会发现路越来越崎岖，越来越陡峭，一直蜿蜒盘旋于山峰之间。

路线二：是景区中间的那条田间小路，这条路虽不如第一条路那样崎岖，但沿途的弯道会让人觉得更加秀美，喜欢轻松骑行的游客，可以沿着这条路前行，直达万佛寺。

路线三：是从下纳灰出发去铜鼓广场，在下纳灰找到芭蕉园，沿着河边骑行，一路上的林荫小道颇有一番情趣，顺便还可以游览芭蕉园，沿着河边小道继续前行，片刻工夫便可以到达铜鼓广场。

运动资源。在万峰林、万峰湖、马岭河峡谷，这三个国家级的风景名胜景区里，有100多千米的天然骑道，可以欣赏到原生态自然景观和丰富多彩的民族文化。

骑行是游览万峰林最有趣的玩法，沿着丰都大道、万峰大道、绕城环线、纳灰村等路段一路骑行，穿越在万峰林水墨画般的风景里，可以感受到在别处寻不到的美妙骑行体验。尤其是在春天，油菜花开的季节，在纵横阡陌的乡间小路骑着自行车悠然前行，嗅着空气中散发着的淡淡花香，看田里长势良好的绿色蔬菜，这样的乡间田野气息，让人怡然自得，真正感受到游玩的洒脱，沉浸在大自然中的自由自在。

景区内有布依村寨，布依族人热情好客，每到布依族的节日，这里都会举办活动。寨子里设有农家乐，可以品尝布依族特色美食，购买手工艺品。

TIPS

1. 万峰林景区内的道路错综复杂，容易迷路，先预定好住宿的地方，遇到问题可及时询问酒店客服。

2. 景区内有人数控制规定，需网上预定门票。

3. 环山公路只允许徒步和景区观光车单线行驶，不允许自行车上去。从第一观景台走到第九观景台大概 8 千米。

4. 适宜一年四季游玩，但最经典的是春天看油菜花之季。

5. 万峰林景区分上纳灰、中纳灰、下纳灰三个村，三个村离得不远，骑自行车半天可以绕完，景区内有自行车出租。建议住在下纳灰，离景区售票处近，那里可以逛步行街，在大榕树下每天都有集市。村民在此纳凉，售卖当地种植的水果蔬菜，周边餐饮店集中，有不同风格的民宿可选。

6. 如果只是在村子里骑行游玩，是不需要购买门票的，除非要上景区里的观景台。

美食推荐

位于万峰林景区内的将军峰黄秀蛋炒饭（《舌尖上的中国》介绍过）、兴义羊肉粉、冲冲糕、剪粉、鸡肉汤圆、布衣八大碗、舒记杠子面、刷把头、耳块粑。

周边景点

1. 万峰湖

万峰湖是国家重点水电工程天生桥高坝电站建成蓄水后形成的人工湖，因被万峰环绕而得名。湖内有上千座全岛、半岛，还有大量的水产养殖网，沿岸则遍布着许多少数民族山寨。

来万峰湖游玩只能乘船，湖边没有地方可走。整个景区内有很多游船码头，被不同性质的组织承包经营，推荐去巴结镇海事管理局那儿的渡口乘船，当地人去得比较多的，据说旅行社带团多去红椿码头。

其实万峰湖最享誉外界的是它那被誉为"野钓者的乐园"的钓鱼资源，所以沿湖有一些垂钓度假村，垂钓者云集。

万峰林景区距万峰湖大约25千米，骑行时间大约两小时。经过县道X600、景湖大道、南天门隧道之后到万峰湖景区。门票60元/人。

2. 马岭河大峡谷

马岭河峡谷地缝嶂谷，群瀑横飞，碳酸钙壁挂形成景观特色，由于"千泉归壑溪水溯蚀"的作用，孕育出多姿多彩峡谷奇观。能感受到大自然的无限神奇，峡谷幽深，引人入胜，沿道而游，如进画中。

万峰林景区距马岭河峡谷约13.6千米，需要花费骑行时间大约1个小时左右，经过西南环线、机场大道、进入县道X602、万峰林大道、福园线到达。

3. 贵州醇景区

以贵州醇酒厂命名的景区，紧邻万峰林景区，集休闲、娱乐、观光为一体的国家4A级大型生态工业旅游示范区。景区依山而建，分河谷区和花海区，到处绿树成荫，鲜花盛开。从万峰林景区到贵州醇景区不到5千米，骑行约半小时以内可到达。沿西南环线骑行即可。（具体线路：万峰林—贵州醇景区—马岭河—万峰湖）

李南/供图

6 梵净山旅游景区

田俊/供图

梵净山得名于"梵天净土"，位于贵州省铜仁市的印江、江口、松桃（西南部）3县交界，是云贵高原向湘西丘陵过渡斜坡上的第一高峰（山脚到山顶落差达2000米），是乌江与沅江的分水岭，也是横亘于贵州、重庆、湖南、湖北四省（区）的武陵山脉的最高主峰。

这里保存着14亿年前冰川时期留下的自然奇迹"蘑菇石""万卷书"，最高海拔2572米。八千级台阶使梵净山有"通往佛国的天梯"的美誉，被中国地理杂志认定为全国"佛光"出现最为频繁的佛山之一。

这里自然风光奇特，历史文化底蕴深厚，因其独特的生态系统、生物多样性、全球独有的黔金丝猴、梵净山冷杉闻名世界，于2018年被列入世界自然遗产名录。

上梵净山可乘坐缆车直达山顶，也可徒步攀爬万步云梯，目的地都是到最高处，一睹蘑菇石傲然天下的孤绝气魄。站在山顶

骑行线路

线路一：碧江区茅溪（起点）—坝黄—坝盘—江口县城（总长 42.195 千米）；

线路二：江口县城（起点）—云舍村—寨沙侗寨—梵净山（总长 45 千米）；

线路三：木黄镇（贵州省十佳特色旅游小镇）—杜鹃花海（石板寨）—杜鹃广场—团龙村—护国寺—梵净山。

铜仁文体广电旅游局/供图

上，眺望远方，千山万壑，绵延不绝，在这里感叹大自然的神奇奥妙之时，不只是引发对美的思考，更多的是触动人对自然、生命更深层次的问寻。

面对矗立在高山之巅的险境，交错叠放、可望而不可即的巨石，你越发感觉到自己的渺小和卑微，你会被这种恒定而持久的姿态所震撼和折服，感慨没有任何力量可以惊动它们、震落它们的那种超然性。梵净山不仅有神奇的自然之美，这里还有浓郁的佛教文化氛围，被称为佛教圣地。拜佛台、承恩寺都是静思冥想的好去处。

标志性景点有红云金顶、月镜山、万米睡佛、蘑菇石、万卷经书、九龙池、凤凰山等。

周边景点

1. 亚木沟

亚木沟因一株神树而得名，最吸引人的就是这里的原始风光，是个探幽寻秘的好地方。仿佛俗世中的尘土可以在这里荡涤洗净。沿途有天然的沟壑、溪流、瀑布可供观赏。

风景区位于贵州省铜仁市江口县境内的太平河（贵州省著名风景名胜区）岸边，毗邻梵净山，是梵净山生态文化旅游的重点卫星景点。景区地处江梵公路中段，距江口县城19千米，距渝怀铁路江口站约30千米，铜仁站约60千米，距湘黔铁路玉屏站140千米，距铜仁机场约80千米，交通非常便利。

景区总面积26平方千米，分为生态停车场、四星级酒店、乡村风情廊、购物街、亚木沟原始峡谷、土家风情园、明朝古寨等几大板块，满足旅游者吃、住、行、游、购、娱各方面需求。游客既可以欣赏原始的自然风光，又可以领略原生态的土家文化，诸如原生态歌舞表演、民间绝技、嫁娶风俗等。

2. 云舍村

云舍村，村名源于土家语，意为"猴子喝水的地方"，坐落在太平河畔、山地河谷喀斯特地貌中，属亚热带季风湿润气候，村落沿江沿河谷而居，东倚秦岩坡、西傍坝元坡、里有神龙潭、外有太平河，两条河流穿村而过，寨内青石小巷连接全村，展现出错落有致、聚散相交的分布情况，村内神龙潭有着一项特色功能，能够凭借水位涨落来预报天气，流传着非物质文化遗产——古法造纸，被誉为"中国土家第一村"。

云舍村村域内有个从来不会干涸的神龙潭，潭水深不可测。踏进清洌的河水中，感受久违的冰凉刺骨，看小鸭子在溪水里欢快游荡，村民在河里洗衣、洗菜，院子边的三角梅开得正艳，好一幅世外桃源似的乡村田园生活画面，让人沉醉其中不想离去。

3. 寨沙侗寨

江口县太平乡梵净山寨沙侗寨在梵净山脚下的侗族村寨，距离县城27千米，距国家级自然保护区梵净山景区大门3千米，生态植物园1千米。其独特的自然资源和良好的生态环境，成为发展乡村旅游得天独厚的条件，几乎全村人都从事与旅游有关的工作。

走进寨沙侗寨，青石板路曲径通幽，河畔有古树参天，寨后绿树青山。这里有寨沙吊桥、侗寨鼓楼可参观，晚上有热闹的篝火晚会。

田俊/供图

7 荔波大小七孔

荔波素有"地球绿宝石"之称，地处贵州最南端，临近广西，是贵州南下出海最近的通道。景区境内主要有布依、水、苗、瑶等少数民族，少数民族人口占92.7%，民族风情浓郁古朴。这里生态良好，气候宜人，植被茂盛，旅游资源非常丰富，集山、林、洞、湖、瀑、险滩、急流于一体，浓缩了贵州山水风光的所有精华，是国家首批创建的全域旅游示范区。

荔波的水非常清澈，它以形态多样的方式呈现，不论是瀑布、生苔、山溪还是河流，都令人心醉，最吸引人的应该就是藏在深山幽谷中，在原始森林映衬下那绿得深幽的一池池潭水，犹如一颗颗绿宝石那么尊贵和稀缺。

仁者乐山，智者乐水，徜徉在大自然的美景中，人的性情和灵性仿佛得到一次洗涤和升华。荔波大小七孔分为小七孔景区和大七孔景区。位于荔波县城南部30余千米的群峰之中，景区全长7千米，山水秀美精巧，景致古朴幽静，置身景区之中，游人立即能够感受到如诗如画的情怀和如梦如歌的韵律。

1. 荔波古镇

位于荔波县城内，临河而建，设有民族文化旅游核心区、非物质文化遗产展示区等，有美食一条街和旅游商品购物区供游客消费，也有一些比较有特色的客栈和民宿位于古镇内，可在这里体会古朴和清幽。是一个融中国古典建筑、园林艺术、贵州荔波民族文化传承保护和展演为一体的，集旅游、运动、商务、休闲娱乐、商业及配套住宅于一身，涵盖吃、住、行、游、购、娱六大要素的民族文化旅游综合体项目。

陆路游览线路：从游客服务中心开始经水族部落、布依水乡、瑶族部落至苗寨，其中穿过四个民族部落并可欣赏每个民族部落的民族风情表演，乘电瓶车或牛车、骑马游览整个荔波古镇，中午还可以在瑶寨的盘王广场品尝一餐具有浓重瑶族风情的瑶族长桌宴，从渔人码头登上竹排、小船等从水上游览荔波古镇。

水路游览线路：从荔波荡漾看台处的码头登上为游客准备的竹排、小船等从樟江河上游览荔波古镇，经官塘大桥、水战游戏场、古渡口、大翻车、野鸭湾、天鹅湖、水上商业街至渔人码头，上岸后乘电瓶车或牛车、骑马游览整个荔波古镇。

李南/供图

TIPS

1. 到荔波县城可先参观邓恩铭故居，再骑行到小七孔景区，荔波县城到小七孔景区修有自行车道，地势平坦，难度系数低，适合大多数骑行爱好者。

2. 荔波风景区一年四季都很美，夏天骑行时因天气热，路上要备足水，带好换洗的速干衣服。

2. 邓恩铭故居

邓恩铭，贵州荔波人，1901年出生，水族人，中国共产党创始人之一。位于荔波县城的邓恩铭故居陈列馆共三层，建筑面积约9000平方米，展览面积约5000平方米，由六个展厅、九个部分组成。陈展方式以实物、照片、绘画等为主，可了解邓恩铭烈士投身革命短暂而辉煌的一生。

3. 小七孔

荔波小七孔是国家级5A级风景名胜区，世界自然遗产核心区。这里有奇特的喀斯特生态系统，集洞、林、湖、瀑、石、水多种景观于一体，玲珑秀丽，是真正的天然大氧吧，狭长的幽谷和碧绿的溪水令游客流连忘返。

景区内游览路线：小七孔古桥—拉雅瀑布—六十八级叠水瀑布—水上森林—龟背山原始森林—鸳鸯湖—卧龙潭。

4. 大七孔

大七孔景区位于荔波风景区内，因孟塘河上有一座七孔大桥而得名。大七孔是以原始森林、峡谷、地下湖为主体的景区。天生桥，跨江而过，被专家们誉为"东方的凯旋门"，观之令人肃然起敬，为大自然巧夺天工之神力所折服。此外还有梦塘、恐怖峡、妖风洞、地莪峡、水神河、二层河、笑天河、龙头山、清水塘等景点，其中妖风洞、恐怖峡、地峨宫等景点，极富惊险性、神秘性、奇特性。

5. 瑶山古寨

瑶山古寨距离县城35千米，距离大小七孔景区5千米，国家4A级旅游景区，是中国最后一个持枪部落，至今有些地方仍保留着"刀耕火种"的原始耕作方式和原始粗犷的风俗，被誉为"原始社会遗存的活化石"。

寨内游览线路：疆域门—防御门—酒坊—迎宾门—铜鼓场—村史馆—熬药坊—瑶池—牛头铜鼓图腾—禾仓群—蜡染坊—古村落—瑶窑—瑶药园—斗鸡场—瑶王府—五指吊桥—古遗址—圩市—瑶王宴—懂蒙。

美食推荐

牛肉粉、泡笋鸡火锅、酸汤鱼、豆花烤鱼、杨梅汤、姊妹饭。

李南/供图

8 紫云格凸河风景区

紫云格凸河风景区为国家级风景名胜区、国家4A级旅游景区。地处贵州省西南部，距贵阳市161千米、安顺市76千米，总面积56.8平方千米。"格凸"一词为苗语，意译为"圣地"。风景区包括大穿洞景区、大河景区、小穿洞景区、妖岩景区及多处独立景点。2005年12月31日被批准为第六批国家重点风景名胜区。

风景区内各种喀斯特地貌类型较为齐全，景源类型多，品位高，组合好，景观特色鲜明，文化内涵丰富，生态环境优良。幽深的峡谷，复杂神秘的溶洞，神奇而巨大的地下河系，独特的喀斯特原始森林景观。连绵的峰丛、峰林，奇峰林立，陡岩飞瀑，翠竹掩舍，碧水中流，轻舟渔歌，有着世外桃源般的风景环境。

无论是堪称世界第二的苗厅的恢宏，还是全国保存最为完好的最高古河道遗迹盲谷的幽深；无论是国内最深的竖井通天洞的神奇，还是世界最高的溶洞大穿洞的壮观；无论是有"人类最后穴居部落"之称的中洞苗寨的神秘，密林环绕的大河苗寨的清新雅致，还是有能破解悬棺之谜的天星洞、脚杆寨；无论是在晨曦中、暮色里翻飞的数以万计的格凸鹰燕，还是各种美不胜收的珍奇动植物，无一不给人以如醉如梦、神奇而又清新的美的愉悦之感。这些景观集岩溶、山、水、洞、石、林组合之精髓，融雄、奇、秀、险、幽、旷、奥为一身，构成了一幅完美的风景图画。

来到格凸，您还会欣喜地看到洞中苗寨的民风民俗、苗族的"上刀山、下火海"绝技、优美的歌舞表演、格凸"蜘蛛人"令人叫绝的徒手攀岩绝技……浓郁的少数民族风情与优美独特的自然景观完美地融为一体。可以说，格凸是世界少有的喀斯特自然景观与民族文化公园。

TIPS

可从贵阳市区骑行前往，也可以从安顺出发。开放时间：全年 09:00—18:00。

1. 整个格凸河景区很大，已开发的只是大穿洞和大河部分景区，其他大都是未经大量开发的区域，具有一定危险性和强度，缺乏一定专业设备和相关经验的游客，最好不要尝试。穿洞风景区包括大穿洞、天星洞、穿上洞、盲谷、小穿洞、苗厅、中洞苗寨等几部分，几乎囊括了喀斯特地貌的所有特征。

2. 在景区内一些景点最好团体行动或有当地苗族村民导游的情况下游览，不要迷路。

3. 天星洞（悬棺洞）在冬天或河水不充足时，游船是到不了洞内的。

4. 景区的苗族村民导游长期接触游客，普通话很不错，也都很热情健谈，不必担心交流问题。

9 贵阳喀斯特公园

贵阳喀斯特公园是一个自然景点。园中道路蜿蜒，嵯峨秀石千姿百态，绮丽多姿的喀斯特景观在国内城市中心区首屈一指，是贵阳城市会客厅和难得的"城中盆景"。

公园占地约450亩，主要由南北两片石林景区组成，景点各具特色，其中阳明书院、阳明草堂、奇石博物馆、多彩贵州文化长廊、喀斯特广场等极大丰富了其地域文化内涵；极具童趣的苹果狗智慧乐园、7D影院和动漫拍摄基地等是贵阳市民休闲娱乐的主要聚集地，也是外来游人纷至沓来的旅游目的地。

TIPS

可从贵阳市区骑行前往。

游览路线

永寿池—莲花桥—圆通路—瑶池—北石林区—金蟾献宝—一线云天—阳明草堂—南石林区等。公园近贵阳奥体中心（贵阳鸟巢），值得畅游拍照纪念。

李南/供图

10 六广河景区

六广河大峡谷属六广河高桥峡谷生态旅游区，位于贵阳市西北的修文县六广镇境内，乌江渡景区的上游，是中国西部最典型的喀斯特地貌河谷，湖的上段悬崖峭壁，水流湍急，雄奇壮美类三峡；下段山青岭秀，水深江阔，旖旎多姿似漓江。

六广河大峡谷是修文阳明风景名胜区自然资源的代表。主要景点：翠竹楼酒店、七峡、金银瀑、姊妹峰、古渡飞虹、亚洲第一高桥——贵毕公路大桥、贾家洞、大屯布依村寨、卧狮啸天。

TIPS

可从贵阳市区骑行前往。周一到周五 68 元 / 人，
周六周日 88 元 / 人；开放时间：9:00—18:00。

周边景点

1. 阳明古渡

六广河码头，又名阳明码头，明末著名哲学家——王阳明先生曾游历六广河大峡谷，并留下赞咏诗篇："初日瞳瞳似晚霞，雨痕新霁渡头纱。溪深九曲云藏峡，树老千年雪作花。白鸟去边回驿路，青崖缺处有人家。遍行奇胜才经此，江上无劳羡九华。"因此而得名。

2. 佛洞山寺

寺庙位于白马峡下游数百米的地方，于千仞绝壁之上有一个天然的岩洞，叫作贾家洞，岩石间有小道可以进入，洞中有寺庙，这就是佛洞山寺，寺庙自古香火旺盛。佛洞山寺的始建年代

不详，据《修文县志稿》载："贾家洞旧建。清康熙四年，李斗南重建。道光二十二年，僧海依增修。"从这一记载推测，其始建年代当在明末或更早。佛洞山寺，晨钟暮鼓，香烟缭绕。

3. 大屯布依寨

在五老峰环抱的六广河畔，有一个布依族村寨，因山水阻隔，村寨保留了淳朴的民族风情。村内绿树环绕、花果掩映，身临其地，仿佛走进了世外桃源。

村民们为了方便与外面的交流，在背村面河、高约百丈的垂直岩壁间，硬是用铁锤錾子开出了一条笔陡的石梯通道，这就是闻名当地的"手爬岩"。若亲身一试，令人心悸之余，感悟万千。手爬岩下，是布依青年男女玩对山歌的场所，每年正月初一，青年男女会聚于此，以歌传情，寻找自己的意中人，布依风情在此一展无余。

4. 黔西花苗寨

与大屯布依村寨隔河相望的黔西花苗寨，寨前是滚滚的六广河，寨后是长约1千米的峭壁，寨两头则被悬崖和激流切断。这里的苗族同胞自古过着与世隔绝的自给生活，可称是攀岩爱好者的"鼻祖"。

因他们的生产用地多在悬崖顶上的山坡地段，春耕秋收都凭岩间的古藤攀缘上下，无体力和胆小者休想进出村寨。当然，随着时代的发展，攀藤附崖已经成为历史。但由于花苗寨长期的封闭环境，其习俗得以完整保留。其中苗族妇女的刺绣百褶裙，工艺精巧、色彩鲜艳、款式美观大方，1982年曾被选送到北京参加苗族服饰展，受到国内外人士交口赞美，后来还东渡日本一展风采，村寨也成为著名的"刺绣之乡"。

11 南江大峡谷

南江大峡谷地处贵州高原中部的开阳县，距省会贵阳54千米。以发育典型、气势宏大的喀斯特峡谷风光和类型多样、姿态万千的瀑布群落为特色，风乐旖旎，景象万千。

峡谷全长40多千米，峭峰顶立，最深处达398米，经有关专家的科学考察结果显示：南江峡谷地层古老，河谷深切，为典型的低中山峡谷地貌景观，十分壮丽优美。

峡谷内有自然景观80余处，各种姿态瀑布40多条，位于小南江的奢香瀑布，落差达150余米。旅游者可顺江在碧玉般的江水中进行惊险刺激的漂流，也可漫步于峭壁栈道，浓荫小路，还可穿越典型的喀斯特原始森林。

TIPS

可从贵阳市区骑行前往。

1. 春季 2—3 月，青龙河沿岸田野里尽是层层叠叠、漫山遍野灿烂的油菜花，最佳观赏油菜花地点为底窝坝。

2. 秋季 9—10 月，正是稻谷成熟季节，连绵起伏的山峦、清澈见底的小河、金黄的稻田相互映衬，美不胜收。在这里可以采摘、烧烤、体验农家乐。

罗冠宇/供图

骑行路线

禾丰乡—水头布依寨—马头寨—河湾平寨—底窝坝—凤凰寨—
南江大峡谷景区内绿道。

12 乌蒙山国家地质公园

乌蒙山国家地质公园位于贵州省六盘水市，地处少数民族聚居的"滇、黔、川、桂"四省结合部，属亚热带季风湿润气候。公园总面积达近400平方千米，主要包括北盘江峡谷和碧云洞溶洞群两个园区及韭菜坪、金盆天生桥、阿勒河、盘县三叠纪古生物化石群落、盘县大洞古人类遗址5个特色景区。

该地质公园以乌蒙山顶峰及其东坡高原喀斯特地质为特色，以北盘江喀斯特大峡谷为主体，拥有青藏高原东坡新生代以来各个时期形成的各种类型的喀斯特地质遗迹和地貌景观，是名不见经传的喀斯特地质博物馆，境内岩溶地貌类型发育齐全。游一次地质公园，可欣赏洞穴景观、峡谷景观、草原景观、山原景观、喀斯特景观。

园内有世界"最大的天坑"；有世界"最深的竖井"；有世界"最高的公路"——水城县金盆天生桥；有北盘江大峡谷；有地下溶洞；有高原佛光；有喀斯特地貌石林峰丛；也有远古鱼龙化石和古人类遗址等。同时，还有北盘江、牂牁江、阿志河、月亮河及众多的高山湿地。

TIPS

乌蒙山是一个看佛光非常好的地方，常年云雾缭绕，在下午四点到六点之间是看佛光最佳的时间。可搭乘航班或高铁直达六盘水，再骑行前往目的地。六盘水月照机场至乌蒙山国家地质公园骑行距离约16.1千米，骑行时间约1小时21分钟。

李南/供图

13 织金洞风景名胜区

李南/供图

TIPS

景区东距贵阳 157 千米，北离毕节 142 千米，南到安顺 99 千米，可选择搭乘飞机或高铁分别从贵阳、毕节、安顺前往。

景区南面有黄果树瀑布、安顺龙宫和普定穿洞旧石器时期遗址及马岭河峡谷；东面是贵阳旅游集散中心红枫湖、百花湖；北面有百里杜鹃；西面有草海自然保护区、"九洞天"，是贵州西线旅游珍珠线上的重要组成部分。

织金洞风景名胜区是1988年8月国务院公布的第二批国家级重点风景名胜区之一。1991年12月被国家旅游局评选为中国旅游胜地四十佳，名列第13位。

织金洞景区以沉积岩为主，地面岩溶发展程度较高，溶沟、溶槽和石灰岩峰群、溶洞、伏流等以岩溶地貌为主的景物、景观共200余处，形成景区独具特色的自然景观。贵州省历史文化名镇之一的织金古城丰富的人文景观及县内独具特色的苗、布依、彝等少数民族风情，使织金的景区集探险、科研、旅游、休闲、度假为一体，成为海内外旅游并重，风光、风情并举的新旅游景点。织金洞风景名胜区的中心景区——织金洞，原名打鸡洞，位于织金县城东北23千米处，是贵州旅游线上最璀璨的明珠。

织金洞是一个多格局、多层次、多类型的高位旱洞，洞内岩溶生长独特，景物规模宏大，雄伟壮观，千姿百态，精妙绝伦。

全洞初勘长12.1千米，面积达70平方米，两壁最宽处173米，垂直高度多在50~60米，最高处达150米。洞内空间开阔，地形起伏跌宕，岩溶堆积物达40多种，囊括了世界溶洞所有的形态类别。

全洞开放7个厅堂，有112处景物、景观。洞内遍体洁白，高17米的"银雨树"以及形态各异的"塔松""卷曲石""穴罐""鸡血石"等堪称稀世珍品，具有极高的观赏价值和科研价值。

织金洞被誉为汇集天地美景、天下奇观一洞的"地下艺术宝库"和"举世无双的岩溶博物馆"。经考察世界著名溶洞并进行对比证明，织金洞的规模、岩溶色彩、形态均名列世界溶洞前茅。有诗曰："黄山归来不看岳，织金洞外无洞天。"

李南/供图

李南/供图

14 骑行情阳

李南/供图

骑行情阳路线，意取环情阳洞天骑行路线，这是一个新项目。项目处于贵州省布依族苗族自治州独山县上司镇、麻尾镇，荔波县甲良镇、小七孔镇四镇交叉地带，具有明显的区位优势。项目主体位于贵州省独山县上司镇境内，以独山县情阳洞天喀斯特洞穴休闲旅游度假区为终起点，骑行环线主要穿越墨寨村、甲里村，穿越麻尾镇部分村庄。

骑行情阳骑行环线从琴寨出发，经豆寨、拉见、拉方、董达、播乔、告令、角寨、坝拉、者降、峰洞、拉者、五河、石头寨、墨寨、拉散、拉密、董旦等18个自然村寨。

1.5 平塘天眼景区

　　世界最大单口径射电望远镜"中国—FAST"于2016年9月25日正式启用，望远镜所在景区于2016年9月26日对外试运营。景区位于贵州省黔南布依族苗族自治州平塘县航龙未来国际天文小镇景区，景区主题包括包含FAST观景台、天文体验馆和文化园等。

　　"中国—FAST"口径有500米，有近30个足球场大的接收面积，主反射面的面积达25万平方米。当你真正亲身走近，才能感受到这个人工建筑的广阔与巍峨，惊叹人类的巧夺天工。只有综合国力强大的国家才能有实力建造出如此浩大的工程，不由得心生一股国家自豪感。

　　"中国—FAST"的选址经过了许多专家数年多地的无数次考察，最后选在贵州省平塘。它十分巧妙利用了贵州天然的喀斯特漏斗洼地的独特地形条件，在洼地内铺设4450块反射面单元组成500米球冠状主动反射面，远看就像"一口大锅"，大家亲切地称其为"中国天眼"。

TIPS

外地骑友可搭乘航班或高铁抵达贵阳，再从贵阳骑行前往，或者通过"4+2"的方式到达目的地。贵阳市区至天眼景区骑行距离约142千米，约需11小时50分钟，如果选择全程骑行，请合理安排行程。核心景区只能坐观光车步行游览，同时，根据景区规定，为了保证"中国—FAST"的安全运转，凡进入观景台的人员均不能携带手机、数码相机、智能手环、对讲机等任何电子设备。

赤水市文体旅游局／供图

16 施秉云台山

　　施秉县位于贵州省中东部，黔东南苗族侗族自治州西北部，系黔东南、铜仁、遵义三地州（市）结合部，县城距州府凯里市78千米，距省会贵阳市230千米，境内有巴施山和秉水，取山水之名而得"施秉"。

　　云台山以原始自然生态、天象奇观、奇峰丽水、佛教遗址、道教古刹等自然和人文景观为特色。面积47平方千米，分为云台山、排云关两大旅游片区，规划景点24处，山间珍稀等植物近400种，珍贵等动物近百种，被称为"植物宝盆、动物宝库"，是贵州东线探险寻幽的旅游宝地。

　　当游人置身山巅极目远眺，万山丛中云腾雾绕，如白龙翻滚，奇峰耸立，怪石穿空，深谷林莽，古藤如织，山猴攀缘，飞禽啼鸣，晨曦透过松林，光柱斑斓耀眼，山花散发阵阵清香，画眉跳跃枝头高声鸣唱，古松挺拔，山风吹拂，构成一幅诱人的风光画卷。

　　山中流泉淙淙，均从喀斯特地貌的石缝间喷出，不受污染，清澈可掬，依树听泉，别有一番超凡脱俗的惬意。夏季雨盛，溪涧水涨，你又会感受到"飞湍瀑流争喧豗，砯崖转石万壑雷"的豪情。

　　到了云台山主峰远眺，云蒸霞蔚，千山万壑沉于足下，万顷碧绿，随山起伏，山风吹过，有如朵朵绿云飘过，令人不禁忽发奇想：或许真的有神仙存于世，"只在此山中，云深不知处"。

路程较远建议选择"4+2"方式前往。从凯里前往景区，骑行距离约 92.7 千米，约需耗时 7 小时 45 分钟。

开放时间：5 月 1 日—9 月 30 日 06:30—17:30，最晚入园时间 16:00；10 月 1 日—次年 4 月 30 日 08:00—16:30，最晚入园时间 17:00。

赤水市文体旅游局／供图

17 九洞天

贵州大方九洞天风景区内分布有溶蚀旱洞，伏流洞穴，溶蚀塌陷等几乎所有的喀斯特典型地质现象，有"中国岩溶的百科全书""喀斯特地质博物馆"的美誉。

九洞天位于距离贵州省毕节市大方县城54千米的猫场镇五丫村，景区全长达23千米，总面积约80平方千米，河谷两岸自然植被非常丰富，岩溶景观气势磅礴，野生猴群栖息其中，坐船而下，可观赏到千姿百态、气势磅礴的自然景观，下游约2千米处，有九个伏流"洞口"，每个"洞口"周围都有奇特的岩溶景观，形成了风格迥异的伏流洞口风光，因其天窗洞口共有九个，因此谓之"九洞天"。

九洞天是国家级重点风景名胜区之一，是乌江干流六仲河上游流经两县之间的一段以伏流（当地人叫阴河）为代表的喀斯特综合地貌。该段伏流时隐时现，神秘莫测，形成地下河，当地人称瓜仲河，长约7千米，在下游长约6千米的河段上，箱形切割顶板多处塌陷，形成了大小不同，形状各异的天窗洞口，使伏流明暗交替，洞洞相连，组合成集伏流、峡谷、洞穴、天桥、天坑及生物化石为一体的雄奇瑰丽的岩溶大观。

TIPS

可搭乘航班或高铁抵达毕节后，再从毕节到大方，然后骑行游览，也可自驾前往大方县城，再安排骑行。

美食推荐

黄腊丁、糯米酒、玉米饭等。

第四节

民族文化
体验行

贵州是一个多民族聚居的省份，境内少数民族人口占全省总人口的39%，其中包含苗族、布依族、水族、侗族等少数民族，各民族一代又一代地传承着宝贵的民族文化。千百年来，这些民族和睦相处，不同民族文化在这里融合，共同创造了多姿多彩的贵州民族文化。

　　同时，贵州也是我国民族地区民间活动最多的地方。

　　其中苗族有"四月八""吃新节""芦笙节"等；布依族有"三月三""六月六""尝新节"等；侗族的"过侗年""吃新节"等；彝族的"火把节""丰收节"等；仡佬族的"牛王节"；瑶族的"盘王节"，等等。节日中活动繁多，有对歌、跳舞、吹笙、斗牛、演戏、祭祀、射弩、骑马及开展经济贸易活动等。

李南/供图

各民族文化特色鲜明，底蕴深广，随着历史的发展，今天的民族传统节日，实际上已经集民族风情、风味饮食、传统艺术、体育活动、贸易往来为一体，成为交流信息、增强民族团结的盛会。

同时，在漫长的历史发展和自然环境孕育中，形成了各异的装饰文化和审美趣味。装饰文化主要体现在染织工艺、服饰装饰、建筑木雕、剪纸、面具艺术等方面，各自的元素和图腾呈现也迥然不同，极具代表性地体现了其文化价值与艺术价值。而这些十分具有特色的少数民族文化和艺术价值，也成了贵州旅游的有力资源。

铜仁摄协/供图

目的地推荐 ——

黔东南州素有"百节之乡、歌舞之州"的美誉，其辖雷山县境内的西江千户苗寨原住居民有1400多户，6000多人，其中99.5%为苗族，是全国也是全世界最大的苗寨。由于历史、地理等因素，西江苗寨迄今为止仍较好地保留有厚重的苗族传统农耕文化。雷山县共计有13项国家级非物质文化遗产，这些国家级非物质文化遗产在西江都有扎实的根基和丰富的体现，是民族文化底蕴和生态保护的绝佳诠释。

如今，黔东南州通过充分挖掘深厚浓郁的民族风情文化，结合当地得天独厚的自然资源，着力将民族节日打造成"文化的盛会，产业的舞台，交流的平台"，以民族文化为纽带持续带动旅游发展，不断为五湖四海前来的游客带来最淳朴的民族节日风情和最醇正的民族文化盛宴。

如果想挑战环黔东南州骑行，可参考资深骑友推荐的线路：凯里—西江苗寨—雷公山—榕江小丹江—剑河昂英苗寨或乐里—空申苗寨—两汪—八万山—台江南宫—交宫—红阳草场—剑河温泉—镇远古城—云台山—黄平飞云崖—凯里。

1 西江千户苗寨

　　位于黔东南州凯里市的西江千户苗寨是中国乃至全世界最大的苗族聚居村寨，寨子四面环山，被层层叠叠的梯田包围，吊脚楼依山顺势而建，形成浓郁的苗寨原生态气息。

　　千百年来，西江苗族同胞在这里日出而耕，日落而息，这里的吊脚楼、风雨桥等古建筑保存得非常好，展示着这一古老村寨的古韵之美。苗族服饰、语言、饮食、传统习俗至今仍保存着古老的传统，这里就像是一座露天博物馆，展示出苗族发展的历史，成为观赏和研究苗族传统文化的理想之地，是贵州最经典的旅游地之一。

　　骑行西江千户苗寨，通过路上的走走停停，可以更深入、更宽阔地去感受黔东南少数民族风情的独特魅力和自然风光的精髓。

TIPS

建议以"4+2"的方式前往。从凯里市骑行前往西江千户苗寨，距离约 30.1 千米，约需 2 小时 31 分钟。

美食推荐

老凯俚酸汤鱼、苗家鸡稀饭、酸汤牛肉、苗王鱼、酸笋鸡。

陈正/供图

骑行线路

凯里市民族风情园出发—三棵树—南花苗寨—郎德上寨—巴拉河—雷山县城—雷公山（线路总长 80 千米）。

1. 骑行到西江苗寨的路有一定坡度，适合经验丰富的骑友。

2. 尽量选择交通方便，靠路边的酒店或客栈，减少体力消耗。

3. 雷公山景区海拔较高，温差较大，需备好外套。

4. 最佳旅游时间：苗族的特殊节日里有很多民俗活动，声势浩大，比较适合来感受节日气氛，如四月八、七月吃新节、十月过苗年等都是最佳旅游时节。

周边景点

1. 雷公山

雷公山是黔东南境内海拔最高的山峰，被原始森林所覆盖，成为许多古老孑遗生物的避难所，蕴藏着丰富的生物资源，原始生态保存完好。境内沟壑纵横，山峦延绵，有清澈的溪水流淌，形成叠级瀑布景观。山顶多数时候雾气迷蒙，仿佛置身在仙境里。

近年来，随着贵州环雷公山系列赛事的举办，环雷公山游已成为不少生态健康游拥趸，尤其是骑行爱好者的首选。需要提醒的是，骑行雷公山的坡度较大，适合资深骑友或是赛事车手。

2. 郎德上寨

一个只有百户人家的苗族村寨，寨子依山傍水，相比热闹的西江千户苗寨，这里显得安静清幽，在这里可以欣赏到丰富多彩的芦笙舞、板凳舞、铜鼓舞等原汁原味的苗族民间音乐和舞蹈。

分上下两自然寨。对外开放的是上郎德，这里作为全国第一个民俗风情村寨游览地是有名有实：吊脚楼、芦笙堂、风雨桥一个都不少。节日期间或旅行团来到时会有热情的迎客仪式和盛大的芦笙舞、铜鼓舞、板凳舞等苗族歌舞表演。后来在各地兴起的"民族村"都是在它的启发下建立的。

郎德上寨系苗语"能兑昂纠"的意译，"能兑"即欧兑河下游之意，"昂纠"即上寨，郎德上寨因属郎德地片上方，故名。寨内苗民的服饰以长裙为特征，所以又称为"长裙苗"。

朱世宇/供图

李南/供图

黑豹/供图

2 凯里民族风情园

　　凯里民族风情园依山而建，建筑风格为黔东南地区苗族、侗族村寨建筑最为典型的"干栏式建筑"，整个园区沿山坡斜度提级而上，呈现出典型的少数民族聚居村落特点，是凯里市乃至黔东南地区的地标性风景园区。

　　凯里民族风情园集民族风情体验、文化展示、旅游商品交易、特色餐饮品尝、歌舞观赏等多功能为一体，是凯里旅游的新亮点。民族风情园432栋苗族建筑、202栋侗族建筑，加之自然风光和民族风情，让人流连忘返的同时，将美丽黔东南的"最美民族风"——展现，体现了民族文化的多姿多彩。

　　民族风情园位于经济开发区（东区）12号，原凯里棉纺厂附近区域，占地38.48万平方米。风情园内建有苗族芦笙场，凯里民族大剧院，斗牛场、斗狗场、斗鸡场、斗鸟场等民族竞技表演场，颇有苗侗的特色建筑、传统的节日活动，令游客深刻感受苗侗特色。

TIPS

可从凯里市直接骑行前往，全程距离约2.3千米，仅需12分钟左右。

3 黔东南岜沙原生态苗族文化旅游景区

岜沙苗族生活在贵州省从江县茫茫的林海深处，寨中现有478户、2300多人，多以"滚"为姓，过着男耕女织的生活。岜沙女子绾偏髻、插木梳，黑色对襟衣有鲜艳的刺绣，在苗寨里不时可以看到她们在阳光下低头刺绣的身影；岜沙男子留着发髻，腰佩腰刀，肩扛火枪，其持枪获得公安机关特别批准，这里有"中国最后一个枪手部落"之称。

岜沙苗族部落仅2000余人，分住在贵州省从江县城南6千米处月亮山麓茫然林海中的5个寨子里。古寨四周森林茂密，环境清幽，寨中吊脚楼依坡势而建，风格古朴简单而实用，寨中居民衣着传统，发式奇特，至今保持着男耕女织的生活方式。

令人拍案叫绝的还有岜沙的镰刀剃头仪式、奇特壮观的鸣枪、放铁炮迎宾仪式、神奇的树葬习俗，以及对树木的多元崇拜。主要节日有苗年、吃新节、映山红节、秋千节、芦笙节等。

TIPS

路程较远，建议通过"4+2"的方式前往，可直接抵达从江县，再从县城骑行到达。全程骑行距离约8.3千米，约需耗时41分钟。

4 云峰八寨景区

云峰八寨景区位于贵州安顺市区以南的18千米处，由云山屯、本寨、雷屯、小山寨、章庄、竹林寨、吴屯和洞口寨八个屯堡村寨组成，它是明初征南大军屯驻的核心区。八寨中尤以与天龙屯堡一起号称四大屯堡之一的云山屯最完整地保存着石砌屯门、城楼、寨墙等古代军屯防御设施。

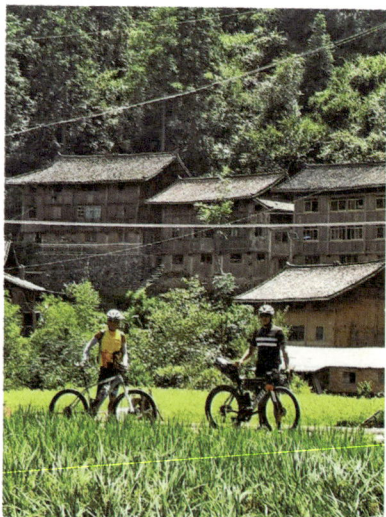

李南/供图

1. 云山屯

云山屯是保存最完好的屯堡文化村寨，也是"云峰八寨"中最璀璨的一颗明珠。

它的雄奇、险峻和美丽，曾令无数游客流连忘返，犹如一部古代屯田文化的百科全书。它是明代军屯、商屯遗存的实物见证和屯堡文化的典型代表。村里既保存有善于防御工事的屯门、屯楼、屯墙、古街道，又有江南建筑风格的门楼、窗室，砖雕、石雕、木雕浑然一体。

"云山屯"自建成以后，几经战乱和自然侵蚀，逐年都有修葺和增建。屯内的屯墙、街巷、宅院以及自然生态环境保存完整。2000年，世界吉尼斯纪录将它认定为："最大的、最完整的明初屯堡文化村群落"；2001年，被确定为"国家重点文物保护单位"。是2005年贵州省唯一获得"中国历史文化名村"称号的村寨。

李南/供图

2. 本寨

本寨是个多民族的石头小村寨，地势为喀斯特地貌。周围被稻田包围，很安静，游人不多，非常适合写生和拍照。本寨作为安顺市屯堡风景名胜区核心景区之一，是"全国重点文物保护单位"。

过去，它曾经是明朝征南时期一个武将的大本营；六百年来，一直按祖训要求，传承着建筑、衣着、饮食和节日等习俗，保留下了宝贵的历史资源；它古朴典雅，依山傍水，碉楼耸立，石房紧凑，是一处具有典型农耕生活情趣的小村寨。在本寨中，各家各户是自成体系的封闭式"合院"建筑，却又以曲折的小巷连成一体。户与户有暗门相通，家与家有高墙相连，形成布局严谨、主次有序、结构坚固、易于自守的格局。

3. 旧州古镇

旧州镇素有"金盆、银碗、玉带、圣水"之美誉，迄今已有六百年历史，是多民族聚居地，汉苗等民族和谐，多元文化共生繁荣，民风朴素，风情浓郁。明代的"调北征南、调北填南"的"屯城人"还保持着"大明遗风"。在古镇上散步，可以看到很多充满沧桑感的房子。当地人开了很多临街店铺，出售古镇特色食品和工艺品，尤以旧州辣子鸡最为出名。

旧州古镇地势平坦开阔，万亩大坝一望无垠，土地肥沃，物产丰富，自古以来便是贵州东部重要的商品粮和畜禽基地。旧州古镇商业发达，有着悠久的历史文化，境内旅游资源十分丰富，突出的有国家级风景名胜区上舞阳景区的著名景点——舞阳湖、旧州万亩大坝田园风光、朱家山原始森林景区、且兰古城人文景观等。

4. 三合苗寨

三合苗寨风情旅游景区是国家3A级旅游景区，位于安顺开发区宋旗镇。三合苗寨，被三合水库环绕着，犹如一条丝带把三合苗寨紧紧地保护着。在三合苗寨，你不仅可以感受小桥流水的柔情，还可以亲手体验苗寨的传统蜡染技艺。

在苗寨后山你可以一眼全览苗寨的风光，一栋栋白色的房子在葱葱郁郁的树木之间显得格外耀眼。这里有专门山地自行车赛道骑行，村民以经营农家乐为主，是当地人休闲聚会的好去处。暂停行程，在苗寨品一品农家乐，地道有机蔬果，是吃了还想吃的味道。

TIPS

可直接从安顺市骑行前往。

5 高坡苗族乡

贵阳骑行必去目的地。

从贵阳出发，经花溪、青岩、黔陶至高坡，全程约100千米。一路骑行，这里山路蜿蜒盘旋，沿途风景美不胜收，串联起湿地、古镇、草原、田园等风光，对于骑行达人来说这是一条很不错的路线，很多人来这里骑行露营。一路途经苗族、布依族及汉族的自然村寨，可以看到千亩梯田，尽览喀斯特独特的高山地貌和旖旎的自然风光。

高坡苗族乡是贵州省贵阳市花溪区下辖的一个民族乡，位于贵阳市东南端，距贵阳市51千米，距花溪区政府所在地31千米，地处花溪与龙里、惠水三县（区）交界处，总面积120平方千米，其中苗族占70.9%。高坡乡属高寒山区，全乡平均海拔1500米，最高海拔达到1712.1米，是贵阳市最高处，更是亲近大自然的优选之地。高坡拥有独特的名胜古迹、秀丽的田园和自然风光，以及峡谷、石林、多级瀑布、云顶草场等风景。

此外，高坡苗族乡民族风情浓厚，主要有高坡苗族"四月八"、苗族婚俗、射背牌、跳洞、斗牛、洞葬、悬棺、吃新节等民族风俗。

其中最为隆重的是苗族"四月八"，高坡苗族"四月八"由

来已久，是传统的民族节日。在2011年、2012年高坡乡连续两年成功举办花溪·高坡苗族"四月八"民族风情节，其规模之大、规格之高，是近二十年来所没有过的。

关于高坡洞葬，据相关历史考证，高坡乡的苗族沿袭这种葬俗已经有六百年的历史，现已经发现的洞葬遗址就有20余处。这些"洞葬"中保存最好最具代表性的要数高坡乡甲定村龙打岩洞葬。跳洞是苗族最喜爱的民族活动，苗族人能歌善舞，尤其喜欢芦笙，在节日里，男子吹芦笙，女子欢快地跳舞。另外每年八月份的斗牛节，男女老少欢聚斗牛场，观看斗牛活动，其乐难以言传。

自改革开放以来，特别是20世纪90年代初，党和国家领导人先后视察高坡，激发了苗乡人民的干劲，振奋了苗乡人民的精神，坚定了苗乡人民建设高坡的信心。二十年来，高坡这片积淀着浓郁民族文化特色的土地发生了翻天覆地的变化。

TIPS

可直接从贵阳市区骑行前往。

1. 当地菜品以辣味为主，如不能吃辣的朋友可自带些不辣的食物。

2. 摄影爱好者们可以尽情拍日落日出的风景，田园风光和人文民俗也是不错的素材哦，更可以拍星空星轨大片。

李南/供图

6 大方慕俄格古彝文化旅游区

　　慕俄格古彝文化旅游景区是贵州省毕节市大方县委、县政府为弘扬民族特色文化，重点打造的文化旅游品牌，大方县境内的彝族拥有几千年历史，有独特的语言、文字、歌舞、服饰、习俗等。始建于蜀汉时期的慕俄格古城是彝族文化的瑰宝，是中国彝族历史上两次建立方国，即"罗施国"和"罗甸国"的都城驻地。

　　慕俄格古彝文化城属国家4A级旅游景区，地处大方县城东北郊，景区内有全国重点文物保护单位奢香墓，及奢香墓保护管理机构奢香博物馆（现属国家三级博物馆）；有省级文物保护单位慕俄格城堡遗址；有电视连续剧《奢香夫人》影视拍摄基地古代彝族九重衙院规模和风格恢复重建的"贵州宣慰府"；有县级文物保护单位庆云楼、斗姥阁古建筑群；三官桥井、杨家关井、官水井等古井；有千年水塘罗氏塘、洗马塘，及其独具特色的彝族风情街。

TIPS

可直接从毕节市区骑行前往。全程约
42.1 千米，需耗时约 3 小时 31 分钟。

骑行线路

斗姥阁—奢香博物馆—贵州宣慰府—奢香古镇。

李南/供图

景区景点

1. 贵州宣慰府

贵州宣慰府是历代贵州宣慰使处理政务的官府，建于蜀汉时期，贵州宣慰府可以说是慕俄格古城的核心，雄伟气派，巍峨庄严，堪称贵州最大的彝族仿古建筑，整个建筑格局渗透和融入浓郁的民族传统文化气息，具有鲜明的彝族风格和特点。

整座贵州宣慰府的建筑，依据史书记载和实地勘测互证，可分为主体建筑和附属建筑两个部分，总占地面积约5万平方米。主体建筑，即为"一场八院九层"。恢复重建的罗甸王府建筑，背靠云龙山，面临螺丝塘，坐东北向西南。采用中轴对称的布局，"九层八院"分级跃上，梯级递进。平面俯瞰两头小，中间大，如同虎头的抽象造型，寓意虎跃龙腾。

2. 奢香博物馆

奢香博物馆，是以奢香夫人命名的彝族历史文化综合博物馆，位于大方县城北0.5千米处奢香陵园内的东南角，坐东北向西南，占地1600平方米。1993年5月1日奠基并动工兴建，历时11个月，于1994年4月16日竣工落成，是西南地区第一个以民族历史人物为名的博物馆。

博物馆仿造古代彝族土司庄园建造而成，整个建筑格局渗透着浓郁的彝族传统文化气息，无论是门窗的雕饰，还是梁柱的造型，甚至是窗户周围和屋顶上都铸有火焰形状的装饰，充分地展现了彝族以"火"为主要元素的民族特点。

3. 斗姥阁

大方县斗姥阁历史上就是有名的宗教圣地，是明清以来释家、儒家、道家三教合一的宗教活动场所的典型代表。现有的建筑群为后世新建，保有古彝文化遗风。

恢复重建后的斗姥阁建筑群，包括老君殿、韦驮殿、庆云楼、斗姥阁、阳明寺、大雄宝殿、斜山长廊、百子崖、尼姑庵、回龙阁等，它们与两株在原址上保护下来的千年银杏再相聚首，相得益彰。该建筑群集堂、廊、亭、榭、楼、台、阁、馆、殿、崖、墙等建筑形式于一体，堪称仿古建筑的"大观园"，是不可多得的建筑精品，更是观光旅游的绝好去处。

李南/供图

7 青岩古镇

  青岩古镇，贵州四大古镇之一，建于明洪武十年（1378年），原为军事要塞。古镇内设计精巧、工艺精湛的明清古建筑交错密布，寺庙、楼阁画栋雕梁、飞角重檐相间。镇内有近代史上震惊中外的青岩教案遗址、赵状元府第、平刚先生故居、红军长征作战指挥部等历史文物。周恩来父亲、邓颖超母亲、李克农等革命前辈及其家属均在青岩秘密居住过。青岩古镇还是抗战期间浙江大学的西迁办学点之一。电影《寻枪》曾在青岩取景。

  青岩景区周边有32千米的自行车道，可以在乡间小路上骑着自行车慢慢游览周边的田园风光，但如果觉得这样的自行车道不过瘾，也可以沿着杨梅水库的小路，穿过涓流的老榜河。

TIPS

可从贵阳市区直接骑行前往，全程约33千米，约需耗时2小时45分钟。需要注意的是路上机动车辆相对较多，骑行途中注意安全。

美食推荐

青岩卤猪脚、玫瑰糖、糕粑稀饭、鸡辣椒、糕粑稀饭、米豆腐，古镇必吃美食。

李南/供图

李南/供图

8　黔陶乡

　　黔陶布依族苗族乡位于贵阳市花溪区东南部，地势东高西低，山峦重叠，起伏较大，东面、东北面为山地，中部、西部和西北部为丘陵地，南部为河流冲积地。这个人口不过万余人的地方，被称为贵阳的"迷你乡"，风景迷人，历史底蕴深厚，一路骑行可游玩老榜河、鬼架桥、桐埜书屋，尽情感受大自然的鬼斧神工，以及地域文化。

　　黔陶乡山水优美，老榜河为主要旅游河段，从河西寨古桥至青岩附近的摆托桥，全长12千米，为涟江上游支流，往下汇入珠江水系。

　　旅游路线分为东线、北线和南线。东线主要以栗木水库—鬼架桥—红岩峡谷为主的水陆探险、徒步、户外旅游线路；北线是以小城镇为核心，老榜河与沿河步行生态画廊为主的绿色生态旅游休闲线路；南线即以桐埜书屋、周仲瑄故居和石普寺等历史文化遗迹，以及罗依新寨少数民族传统文化为核心的人文旅游线路。黔陶乡集旅游、休闲、度假、养生、避暑与特色餐饮为一体，生动地展示了富裕美丽与和谐生态的旅游乡村。

TIPS

可从贵阳市区直接骑行前往。

9 镇山村

镇山村地处贵阳市花溪水库中段，坐落在三面环水的半岛之上，全村总面积3.8平方千米，形如乌龟的半边山隔水相望，景色秀丽。村寨像个古堡，城墙依山而建，是用大块规整的石头筑成，城门则是用条石拱建而成，房屋的墙壁和院坝是用小块石板垒砌，而屋顶是用不规则的石板代替了青瓦，脚下的路面和小巷的台阶全部用大块的石板铺就。再看村民装水的缸、储粮用的干缸、马槽、山神庙中的神像，几乎所有用具，都是用石头雕成。

镇山村因其年代久远、民族风情古朴、民俗文化丰富，1993年被批准为"贵州镇山民族文化保护村"，1995年定为"贵州省级文物保护单位"。2000年中挪（威）签订了协议，在挪威政府资助下建成镇山村布依族生态博物馆。2019年1月，镇山村入选第七批中国历史文化名村。

TIPS

可从贵阳市区直接骑行前往，茶园园山路曲折，风景优美，很适合骑行爱好者体验上坡骑行的乐趣，是骑行爱好者的一处胜地。

10 王岗村

　　王岗村位于贵阳市香纸沟风景区龙泉河畔，是一个以布依族人口为主，依山傍水，干栏式建筑保存比较完好的布依村寨。

　　该村原始生态植被完好，环境优美。2009年被省政府列入第一批"历史文化名村"；2014年、2015年连续两年获评"中国最美村镇"；2014年也因庖汤获评"中国最美村镇健康美食奖"；2016年获"全国生态文化村"荣誉称号。

　　这里古树成林，河水清澈，水车悠转，铜鼓声声，传递着布依人热情好客的特点。其"庖汤"宴就是最好的例证，这道传统布依美食以"三盘四碟八大碗"而远近闻名，也使得这里享有了"庖汤第一村"的美誉。

　　这里的庖汤饭常年有，特色是用糟辣椒炒制猪肉和各种蔬菜，猪肉鲜美和蔬菜清甜，令人回味无穷。汤、干锅、炒菜、凉拌菜样样都有，来到这里一定能让你感受到久违的农家氛围。如果你运气好，还能看到农家传统的杀猪祭拜仪式，喝上他们自酿的米酒。

TIPS

可从贵阳市区直接骑行前往。

李南/供图

美食推荐

庖汤宴、五色花饭、活血、刷把头、腌韭菜根、腌蕨菜、腌骨头酱、青苔冻肉、软炸沙巴虫、酸汤煮芭蕉树心、浸肝、爆炒螺肉。

"庖汤"，即每年春节前杀"年猪"，意为驱邪接福。各家杀了"年猪"之后，都会拿出猪身上肉质最好的部分，采用传统而独特的烹饪方式，做出口味独特的"庖汤"饭，邀请亲朋好友相聚一堂，大口吃肉，大碗喝酒。

11 时光贵州古镇

　　时光贵州是贵州100个特色旅游景区之一，是一个集旅游、度假、休闲、食宿、娱乐为一体的休闲旅游地产项目，是贵阳首个以文化传承为基础的休闲旅游主题商业街区。

　　时光贵州以明朝"调北征南"的屯堡文化为重要节点，用"海纳百川"的民国时期老贵阳为本底，讲述贵州六百年来的文化繁华，成为小镇的文化精髓。小镇街巷里，文字、图片的史实资料，仿古的实体建筑，活态的现场展示，把贵州的军屯、商屯、官屯、民屯文化逐一诠释。

曾瑶/供图

1. 时光广场

广场中央伫立着的"日晷"，记录着贵州大地上的时光痕迹。从三叠纪时期到秦汉夜郎国，延续到宋朝始名、明朝建省，再到遵义会议召开，每一条刻痕都标志着贵州历史文化的重要节点。

2. 仿古城墙

刻有三叠纪时期的鱼龙、海百合化石，以及贵州龙化石，都彰显贵州历史的深厚绵长。

3. 会馆街

贵州会馆、两粤会馆、江南会馆、江西会馆、山东会馆、福建会馆、四川会馆、两湖会馆这八大会馆毗邻而建，成了会馆文化的展示街，向人们叙述着商屯在历史上的功能和作用。

4. 时光走廊

把游客带入贵州的屯堡文化记忆中。从明朝初年，朱元璋为巩固边疆屯兵贵州的故事，到随着历史变迁"屯堡人"的六百年迁徙演变。

TIPS

可从贵阳市区直接骑行前往。

12 普安县江西坡镇

这里有"中国最美山地自行车赛道"。

喜欢骑行的人都知道,在骑行中享受的不仅是刺激,更多的是想享受沿途的风景,而这里是最能满足你的地方。

这条自行车赛道全长75千米,赛道经过河谷、山林、水库、悬崖、茶园、村落,超过85%的路面为原生的土石路,让人赏心悦目。

江西坡镇是贵州省黔西南布依族苗族自治州普安县所辖的一个镇,地处普安县境东部,政府所在地距县城20千米,距贵阳260千米,距州首府兴义市89千米。地势东南部较低,西北部较高,海拔最高的乌龙山有1938.2米,最低海拔750米;320国道、沪瑞高速公路穿境而过。

全镇少数民族主要为布依族,有少数苗族、彝族和回族。民族风情方面最为出名的是布依族的"三月三",每年布依寨都要举行"扫寨、赶鬼""祭山神"等活动。"六月六"是布依族的"小年",有杀猪祭祀,祈求平安的活动。

TIPS

可从兴义骑行前往,也可通过"4+2"的方式先到普安县,再安排骑行体验。

林剑/供图

李南/供图

13 铜仁松桃苗王城

已经有600多年历史的苗王城距湖南凤凰古城39千米，距贵州铜仁凤凰机场10千米，是贵州省重点风景名胜区，贵州省十大魅力景区之一，铜仁市十大优秀景区，亦是国家旅游局定点扶持的村寨景点。

它集山、水、洞、泉、瀑、峡谷、森林、古树、茶园、原始村寨、军事巷道、苗族风情为一体，是旅游、度假、休闲、探险的胜地，被誉为"千里苗疆第一寨"。它是著名的苗歌之乡、苗鼓之乡、民间绝技之乡、影视拍摄基地，而且也是西南地区苗族留存至今唯一一座保存得较好的集政治、经济、文化、军事和建筑为一体的古城堡。

新寨不仅风光秀美，而且人杰地灵，民俗纯朴，民间艺术瑰丽，有上刀山、下火海、傩戏、斗牛等，是著名的苗族花鼓艺术之乡。其花鼓舞曾到美国、加拿大等国，以及北京、上海、广州等国内许多城市表演，深受国内外一致好评。

TIPS

可直飞铜仁凤凰机场，从机场骑行前往。全程约14.1千米，仅需耗时约1小时10分钟。

14 务川仡佬之源景区

务川仡佬族苗族自治县（简称务川县）是贵州省遵义市下辖自治县，地处黔、渝边沿结合部，是中国两个以仡佬族为主体民族的少数民族自治县之一。

务川仡佬之源景区位于大坪镇洪渡河畔，国家4A级旅游景区，距县城8千米左右。主要由一园（洪渡河仡佬文化主题公园）三区（仡佬风情小镇开发区、文化产业集聚区、旅游产业发展区）和五版块（龙潭古寨、九天母石、大坪古镇、石垭子湖、濮国遗都）所组成。

核心区九天母石，是世界仡佬之源和仡佬族胞祭天朝祖的圣地；龙潭千年仡佬古寨，是世界仡佬和丹砂文化中心；丹砂圣水（湖），是仡佬源头的高原平湖，涉水面积11.84平方千米；大坪汉代墓葬群2013年7月被列为全国第七批文物保护单位。

景区曾先后获得中国历史文化名村、全国休闲农业与乡村旅游示范点、中国民族传统特色古村落、省级文物保护单位、贵州省最具魅力民族村寨、贵州省20个重点保护民族村寨等称号。

2013年被贵州省人民政府列为全省100个重点旅游景区建设、50个特色旅游小镇开发及全市十大文化产业园区规划，是务川着力构建的"全国仡佬族胞寻根溯源、祭天朝祖圣地"和"国内新的休闲养生、文化旅游目的地"。

TIPS

外地骑友可先搭乘航班或高铁抵达遵义，再由遵义乘车抵达凤冈县，从凤冈县出发骑行前往目的地。凤冈县距离景区约85.7千米，骑行耗时大概7小时9分钟。

15 贵阳香纸沟风景区

贵阳香纸沟风景区因是古法造纸术遗地之一，因此而闻名各地。群山环绕的香纸沟集山、水、林、竹、泉、瀑、洞、奇、怪为一体。规模大、集中的造纸作坊成为整个景区最不可错过的古迹，引得无数游客慕名前来探访。

香纸沟自然风光旖旎，生物资源丰富多样，布依族风情古朴浓郁，古法造纸作坊星罗棋布，马帮铃声叮咚，布依贴画别具匠心。景区内有龙井湾、锅底箐、马脚冲、香纸沟、白水河、红籽沟、葫芦冲、松树林垂钓小区八大景点，谷中悬泉飞瀑、溶洞众多、奇峰怪石、峡谷幽深、溪流纵横、碧水清澈、原始植被茂盛、古树参天、郁郁葱葱，数十条小溪自林间渗出，形成悬泉飞瀑；布依山寨依山傍水，杜寨"播娜摩"簸画、贴画独具匠心，耐人寻味；垂钓区松树林中几湾绿水、鸟鸣鱼跃、使人流连忘返。

香纸沟是返璞归真、开展生态科普旅游、回归大自然的绝好去处，是"农家乐"的旅游胜地，也是贵州省贵阳市新农村示范点。

TIPS

可从贵阳市区直接骑行前往。

美食推荐

农家饭、腊肉炒折耳根、新鲜野菜。

凯里市自行车运动协会/供图

李南/供图

16 榕江苗山侗水风景名胜区

榕江苗山侗水国家级风景名胜区位于贵州省黔东南州苗族侗族自治州榕江县境内，2009年12月28日被国务院批准为第七批国家级风景名胜区，总面积168平方千米。景区资源类型丰富，苗族、侗族文化与自然山水环境融合，原生性与多样性相结合，资源价值较高，空间分布相对集中，主要分为六大景区：三宝千户侗寨景区、宰荡侗族大歌景区、七十二寨侗乡景区、都榕景区、龙塘奇观景区、十里百瀑景区、朗洞苗寨景区以及其他20个独立景点。

景区内有苗族祭祖庙"苗王庙"；有被列入世界非物质文化预备名录的村寨：大利和宰荡；三宝千户侗寨景区的章鲁村侗族语音被国家民委认定为中国侗文标准音；侗族琵琶歌、萨玛节、侗族大歌、摆贝苗族服饰、《珠郎娘美》等蜚声海内外，如今都已被列入国家非物质文化遗产名录。风景名胜区内还有一些古树名木、珍稀生物，如：气象树、下毛雨树、大瑞古柏、晚寨古杉、千年矮子松、龙塘珍珠蚌等，具有较高的景观价值。

榕江是苗、侗文化祖源地。苗族先人沿江而上到达黔东南的第一站是古州榕江，然后再分化到各县，这在苗族史学研究中已是不争的事实。无论从苗族古歌、黔东南州志及有关县志中都有印证，榕江城内的苗王庙为苗族独一无二的祭祖庙都说明这一事实。2000年，北京、上海等地研究民俗学和旅游的专家、学者、教授在认真考察了榕江月亮山后，一致认为榕江月亮山苗族的历史文化是世界苗族中最古老、最原始的。侗族于苗族之后进入榕江，现有八个支系，是黔南州侗族支系最多的县，20世纪50年代中期国家民委创造的侗文都是以车江章鲁村的语音作为标准音而创建的。早在1997年湖南师大的旅游资源专家考察了榕江资源后，就得出"榕江是苗侗文化祖源地"的结论。

凯里市自行车运动协会/供图

TIPS

榕江有高铁站，可先搭乘高铁抵达县城，再安排骑行。贵阳到榕江搭乘高铁仅需1小时15分钟左右。景区全天开放，无需门票。

第五节

高桥山水
极限行

贵州是全国唯一几乎没有平原地貌的省份，这里大部分都是高原、山地和丘陵。独特的地理位置和气候造就了贵州绝美的山地旅游风光，不仅让贵州被赋予"天然大公园"的美誉，四山八水的独特格局，也构建出贵州别样的体育旅游布局的核心骨架，使之拥有发展包括山河高桥极限行在内的山地户外运动得天独厚的资源条件。

　　所以，到贵州旅游，远远不止看山玩水那么简单。

　　为加快推进贵州省全国体育旅游示范区创建工作，省人民政府办公厅印发了《关于贵州省创建全国体育旅游示范区的意见》。

　　眼下，贵州正不断依托山地旅游和多民族文化资源优势，在全域旅游示范省创建工作的基础上，以提升山地户外运动品质为着力点，以传承和弘扬民族民间传统体育项目为载体，以打造国内外具有影响力的体育赛事为突破口，积极开发高桥极限、山地骑行等极限运动特色业态。

　　随着国际山地旅游联盟永久落户贵州，如今国际山地旅游大会已经连续5年在贵州举办。贵州不断通过体制创新、模式创新、产品创新，创建以亚高原山地户外运动为特色的全国体育旅游示范区，将体育旅游培育成为我省经济新的增长点，将贵州打造成国内一流、世界知名的体育旅游目的地。

李南/供图

目的地推荐——

李南/供图

1 晴隆二十四道拐抗战公路

晴隆二十四道拐抗战公路堪称险峻公路建设史上的杰出典范。

这是中国抗日战争大后方唯一的陆路运输线及国际援华物资的大动脉，被誉为"中国抗战的生命线"，又称"历史的弯道"。2006年国务院公布为第六批全国重点文物保护单位，"金州十八景"之一。2015年国务院公布第一批80处国家级抗战纪念设施、遗址名录，位于晴隆县晴隆山的二十四道拐抗战公路名列其中，是贵州省唯一被列入的一处。

如今，这里是贵州网红公路，是贵州十大户外运动基地之一。

晴隆二十四道拐位于贵州省黔西南州晴隆县，神奇在只有

TIPS

路程较远，请合理安排行程。资深骑友推荐线路：一是从北盘江大桥到晴隆，这是最近的一条路，不然要走到兴仁市再到晴隆，要多走近一百千米，或者是走回头路从断桥镇北上走 G320 经关岭去晴隆。

骑行晴隆，除了二十四道拐，晴隆古城和晴隆县城也值得去看看。至于美食，有外地骑友强烈推荐折耳根炒腊肉，据说很下酒，不妨试试。

李南/供图

短短4千米，却有24个弯，它是著名的抗战历史公路，古称"鸦关"，雄、奇、险、峻，有一夫当关，万夫莫开之势。

"晴隆县二十四道拐·抗战公路自行车爬坡赛"是一项惊险、刺激，充满挑战的项目，具有很强的吸引力和影响力。位于黔西南州晴隆县的二十四道拐，是"史迪威公路"全线唯一保持六十多年前原貌的路段，是中美两国人民英勇抗击日本侵略者历史的真实写照，展示了中华民族不畏艰难困苦，全国各族人民众志成城打击侵略者的民族气节。

晴隆二十四道拐抗战公路，是"史迪威公路"的形象标识。

从山脚至山顶的直线距离约350米，垂直高度约260米；在倾角约60度的斜坡上以"S"形顺山势而建，蜿蜒盘旋至关口，恍如一条巨龙。二十四道拐公路依山而建，工程艰险，山势陡峭，弯道频繁，均集中在一个平坡上，极富视觉美感和视觉冲击力，具有极强的挑战性，是骑行爱好者梦寐以求、不可多得的天然骑行赛道，以其雄、奇、险、峻，成为骑行运动的天堂。

田俊/供图

2 龙里谷脚茶香自行车主题公园

　　谷脚茶香自行车主题公园位于贵州省黔南州龙里县谷脚镇茶香村，公园环绕茶香村"十里刺梨沟"，沟内绵延10余里集中连片种植水果刺梨，是贵州省规模最大的刺梨基地。刺梨沟核心区方圆10余里，森林覆盖率达90%，生态植被良好、环境优美。

　　公园规划面积约为567公顷，以山地自行车赛事为亮点，以户外休闲旅游为主题，以生态保护为基础，以美丽乡村建设为目标，建设特色突出、训赛一体、环境优美的自行车主题公园。

　　目前，已按照国际级标准建成山地自行车赛道5千米，休闲骑行赛道10千米，5000平方米活动广场和3000平方米文化广场各1个，自行车主题雕塑4座。主题公园以导入山地自行车赛事为切入点，发挥区位、环境、地形优势，为比赛和训练营造良好配套条件，满足比赛对于交通、赛道、场地、食宿、报道等方面的需求。通过赛事举办（中国山地自行车公开赛贵州龙里站等），打造山地自行车运动基地，创建山地自行车品牌赛事，推动体旅结合，已逐步形成具有国际影响力的山地自行车比赛胜地。

TIPS

可从贵阳市区直接骑行前往。如果从贵阳龙洞堡机场出发，全程骑行距离约23.8千米，需耗时约1小时59分钟。

美食推荐

野生菌肉饼鸡火锅、辣子鸡、虾酸。

1. 双龙小镇

依托峡谷地貌而建的布依族小镇，以前店后院式的商住四合院和沿街商铺构成小镇的自然村落肌理，建筑风格博采中国各地经典建筑元素，可感受布依族文化。

2. 龙里大草原

龙里大草原是龙里自然景观中一道亮丽的风景线，站在辽阔的草原极目远眺，群山环抱，山花烂漫，牛羊成群，迷人的草原自然风光让人沉醉。

3. 猴子沟

龙里猴子沟风景区因猴而名，景区内植被茂密，植物种类繁多，其天然植被为亚热带常绿栎林和常绿、落叶阔叶混交林，还有竹林和天然台地草甸草原。

骑行线路

1. 龙里县城—贵龙大道—谷脚镇—千家卡—茶香村—茶香自行车主题公园（约 20 千米）。

2. 贵阳龙洞堡机场（210 国道）—谷脚千家卡—茶香村—茶香自行车主题公园（约 20 千米）。

3. 公园最佳旅游时间 3—10 月。

需注意的是：车道有一些路段遇到下雨时土质比较黏易打滑，有一些路段土质比较松散，注意防滑。

李南/供图

林剑/摄

3 玉舍国家森林公园滑雪场

　　玉舍国家森林公园滑雪场位于贵州省六盘水市玉舍国家森林公园内，是全国200多个滑雪场中纬度最低的高山滑雪场，距六盘水市中心约30千米，位于北纬26°以南，最高海拔2503米，最低海拔1700米，相对高差803米。因纬度低于北半球纬度最低、海拔最高的云南玉龙雪山约1°，成为中国纬度最低的滑雪场。

　　目前雪场面积已达到20000平方米，能同时接待游客700人次，日接待量可达2000人次，为游客提供高山滑雪、雪地摩托、雪上飞碟等雪上运动项目，得到了大批来自四川、重庆、云南、海南、贵阳以及六盘水本地游客的青睐。

　　为了满足各类滑雪爱好者学习滑雪的需求，玉舍国家森林公园特别与国内业界最大的滑雪服务公司合作，成立了专业的"玉舍森林滑雪学校"，为游客提供专业的指导和教学。同时，雪场还特别推出夜间滑雪项目，夜间紫外线低，特别适合女性朋友。

　　依托森林公园优美的森林生态环境和地貌景观，隆冬的玉舍国家森林公园玉树琼枝，粗壮的冰凌挂满山壁，树凇和雾凇随处可见，一片银白世界。游客在享受雪上运动项目乐趣的同时，更能领略到与北方类似的雪国风光。

TIPS

体验冰雪运动是除自然生态、民族风情之外，贵州的又一张旅游名片。外地骑友可直接搭乘航班或高铁抵达六盘水，再骑行前往。
在滑雪前要准备好手套、帽子和护目镜等装备（可现场租用），如果是初次滑雪的话，可以请教练，雪场配备了专业滑雪教练。一切准备就绪后就可以尽情地在雪地里飞驰了。

优待政策：学生：六盘水市全日制中小学生凭学生证（周一至周五），可享优惠票。
想要通过"4+2"的方式前往的骑友，可从贵阳出发，也可从云南昆明、曲靖方向出发，广西南宁、百色，以及四川宜宾方向都能直达六盘水或玉舍森林公园。从广西南宁、百色方向来的朋友，请注意不要在两河收费站下高速，继续往 S77 水盘高速方向。

玉屏侗族自治县自行车运动协会/供图

4 梵净山攀岩基地

贵州省铜仁市江口县梵净山攀岩基地，距江口县城6千米，距梵净山风景区23千米。这里林木苍翠，山色空蒙，它是贵州省第一家户外攀岩基地。

梵净山攀岩基地是江口旅游业发展的一个新产品，按照全县旅游发展规划，山门内重在佛教文化和生态文化建设，山门外着力于民俗文化开发及户外运动体验游，在开辟了太平河漂流和太平河生态步道游后，建设攀岩基地是打造梵净山、太平河户外运动天堂的有力补充。基地现已开展了攀岩表演、攀岩、速降培训、团队拓展等户外运动。攀岩活动时尚、刺激，向来被誉为勇敢者的运动。它集健身、娱乐、竞技于一体，深受中外青少年及背包、骑行一族旅行者的喜爱。

2005年5月，在这里成功举办了"贵州首届自然岩壁攀岩邀请赛"，全国38家媒体参与了报道，对黔东旅游资源的推介起了极佳的宣传效果，成为梵净山旅游新的亮点。

TIPS

外地骑友可直接搭乘飞机或高铁抵达铜仁，再骑行前往。或者直接通过"4+2"的方式抵达江口县。

5 紫云格凸河攀岩基地

　　紫云格凸河攀岩基地地处贵州省西南部，距贵阳161千米，安顺市76千米。格凸河景区有连绵的峰林，幽深的峡谷，恢宏的溶洞，纵横交错的地下河流，全国唯一幸存的"盲谷"原始森林，93平方千米的景区范围几乎囊括了喀斯特地貌的所有特征，景观独特瑰丽，原始神秘。

　　这里生活着一群"特殊"的人群，他们以攀岩为生，陡峭的岩壁对他们来说如履平地，被称为"蜘蛛人"。他们是世界上无任何保护措施、徒手攀岩的最后一支传人"蜘蛛人"，现在仅有7位传人，到今天为止已经有7代的历史，已是非物质文化遗产。如果不是亲临，很难想象他们是如何在几乎垂直的108米的绝对高度（相当于40层楼高度）的洞壁内如履平地，飞檐走壁，甚至从一侧陡壁经洞顶翻转至另一侧的陡壁，其惊心动魄的场面难以言表。

　　紫云格凸河被发现后，这里成了攀岩爱好者的福地。格凸河景区特殊的地貌地形，适合各种极限运动。这里是现代国际流行的低空跳伞、蹦绳、翼服飞行、山地运动、丛林探险等各项惊险刺激的极限运动王国。

龚家华/供图

TIPS

外地骑友可选择搭乘航班或高铁抵达安顺,再骑行前往,或者直接从贵阳出发,距离较远,建议通过"4+2"的方式。若非专业人士,一定要佩戴护具,在专业人士的指导下体验攀岩等运动。每年清明节到重阳节期间,数十万只在外地过冬的燕子回巢,在燕王宫内筑巢栖息。每到清晨,当缕缕晨曦从通天洞进入时,上万只燕子便从洞内飞出,若彩云岫,如紫气东来一般。

6 绥阳双河溶洞山地户外探险营地

双河溶洞2019年最新探测长度为257.4千米，成为亚洲第一、世界第五长洞，是中国最大的溶洞群，也是"世界最长的白云岩洞穴""世界最大的天青石洞穴"。

2006年4月，《环球游报》联合全国31家都市报纸，共同主办了"中国最值得外国人去的50个地方"评选活动，双河溶洞从200个入围景区中脱颖而出，成了贵州唯一入选"50个最值得外国人去的地方"。

双河溶洞位于贵州省遵义市绥阳县北部的温泉镇公坪办事处桂花村和铜鼓村，距绥阳县城50千米，距遵义市92千米，与宽阔水原始森林自然保护区毗邻。双河溶洞所在地，深山苍茫，群峰秀丽，洞外有两条河流在铜鼓村交汇，双河溶洞因此得名。

双河洞结构复杂，水洞、旱洞并存，深度超过550米，由上中下四层8条主洞，200多条支洞，5条地下河，34个洞口组成，可谓洞挨洞、洞连洞、洞上有洞、洞下有洞、洞中套洞，被誉为"喀斯特天然洞穴博物馆"。

双河洞地质公园下辖地下裂缝景区、双河谷景区、双河晶花洞、双河客栈度假村、双河国际探洞大本营等景区项目，是集旅游观光、洞穴探险、温泉度假、户外徒步、科学研究、科普教育等多位一体的综合旅游区，被中央电视台喻为"喀斯特天然洞穴博物馆""中国地心之门"。

同时，双河洞国家地质公园内，人文景观有金钟寺、公馆桥、温泉古镇等，丰富的少数民族风情和人文景观与地质遗迹构成了一个庞大、复杂而内容丰富的旅游资源体系，它不仅为旅游者所喜闻乐见，也吸引国内外历史学家、社会学家、民俗学家等来此考察、研究，具有较高的文化价值。

TIPS

外地骑友可选择搭乘航班或高铁抵达遵义，再骑行前往，或者直接通过"4+2"的方式，可分别从遵义、贵阳、重庆、成都等方向先自驾至绥阳，然后再安排骑行。贵阳、遵义、重庆也有大巴可到绥阳，到绥阳后可换乘中巴到双河或青杠塘/黄杨。

美食推荐

绥阳空心面、酸鲊鱼、眉毛酥。

遵义市自行车运动协会/供图

李南/供图

7 安龙笃山镇生态旅游公园

安龙笃山镇生态旅游公园位于贵州省黔西南州笃山镇境内的安龙国家山地户外运动公园，是国内第一座融合极限运动、户外休闲、旅游度假、餐饮会议为一体的综合性山地户外运动公园，也是国家体育总局授牌的全国首个山地户外运动示范公园，可谓一座山地户外运动的"迪士尼乐园"。

公园内规划有近30个山地户外运动及休闲游憩功能区，以及高品质的游客服务中心、精品度假酒店、艺术观景平台等配套服务设施。

运动项目的设置全面覆盖了国际山地户外运动的多个领域，包括攀岩、登山、徒步、马术、自行车等运动项目，兼顾各年龄段及体能层次的人群需要，充分发挥了山地资源价值，饱含地域风格与户外运动文化精髓。公园内服务设施较为完善，设有专属自行车骑行道，同时提供自行车租赁服务。

沿谷底骑行，百花盛开，四周悬崖绝壁，奇峰秀水，美不胜收，满足休闲骑行爱好者不急不缓，深度体验的需求。

TIPS

外地骑友可选择搭乘航班或高铁抵达兴义，再骑行前往。从兴义万峰林机场骑行至安龙国家山地户外运动公园，距离约84.2千米，需耗时7小时左右。

骑行线路

第一部分骑行线路：自"轴"交换站起，沿河谷迤逦上行至海尾老村，全程采用架空栈道形式修建，难度系数较小，运动健身强度适中；

第二部分线路：环绕谷底，连接谷底各个运动项目区域；

第三部分线路：环行山顶，不仅可以通往所有山顶运动项目区域，还可探索布依族拉坡村寨的乡间景色。

周边景点

安龙招堤

位于安龙县城东北，始建于康熙三十三年（公元1694年），堤的两侧垂柳成行，荷花池53000多平方米，曲桥300米，观荷亭和朱楼画廊数幢，连为一体。堤边有明代"十八先生墓"、咸丰同治年间回民起义领袖——张凌翔、马河图合葬墓、南明永历帝故宫、明御校场、清代试院、武庙石碣等古迹。

注意：

1.山地自行车租赁服务站位于园区入口内骑行道的起点。

2.景区内的熔岩美术馆设计较为独特，像一件艺术品，悬置在海尾峡谷北侧165米高的巨大岩壁上，环形山顶时值得停下脚步去欣赏。

3.由于到达安龙的交通方式比较单一，且耗时较长，建议骑行爱好者在景区内租自行车骑行。天气晴朗的话，骑行此段会比较热，大量流汗后要注意补水。

美食推荐

安龙剪粉、饵块粑、丝娃娃。

曾瑶/供图

李南/供图

骑行大不同

8 六盘水山地运动区

　　六盘水山地运动区野鸡坪户外运动基地具有天然的山地运动竞技场地的优势，地形多样，无论是平坦的公路，陡峭的山坡，原生态的林地，奇异的喀斯特小山都满足山地爱好者的运动休闲需求。

　　这里因季节的不同，成片的花海颜色也不一样。漫步其中，一个自然、健康的氧吧浑然天成，让您尽享草的清新，花的芬芳，忘却城市匆忙、繁杂的节奏，回归大自然的怀抱。在这里，可以融入自然，尽享骑行的乐趣。

TIPS

外地骑友可选择先搭乘航班或高铁抵达
六盘水市，再骑行前往。

9 妥乐古银杏风景区

妥乐古银杏风景区位于贵州省盘州市妥乐村，是国家4A级景区。

据说银杏树是三千万年前地球遗留下来的古植物，人称植物"活化石"。问起村子历史，村中的老人都是谈历史不离银杏树。五百年前，正是明将傅友德的军队在盘县境内屯戍，化军为民，开始代代繁衍的时期。村民多为南京籍，自称是傅友德那批军人（即明初朱元璋调北征南的军人）的后裔。相传村中古银杏树是妥乐村民的老祖先所种。

这里流水潺潺，小桥流水，风景秀丽，古树绵绵，小桥映虹，奇峰傍寺。全妥乐村拥有古银杏1200余株，胸径一般在50～150厘米，最大220厘米。一般树龄在300年以上，最长者为1500年，树干高达几十米。是世界上古银杏生长密度最高、保存最完好的地方。

据考证，妥乐村六百多年前为彝族聚居地，因明初西南屯军而变为彝汉杂居。随着历史发展，妥乐村居民虽有所演化，但"人树相依"的文化却亘古未变。西南林业大学专家研究认为，这种文化有个性鲜明的特色和博大精深的内涵，可以概括为一种新的文化形态——树文化之魅力村寨。

妥乐古银杏风景区是贵州省第八届全省旅发大会核心项目之一。妥乐景区游步道8千米，油路改造长2.5千米、宽6.5米，已于2013年6月底竣工。这里常年举办"银杏杯"山地自行车赛。

TIPS

外地骑友可选择先搭乘航班或高铁抵达六盘水市，再骑行前往，或直接自驾抵达后再慢慢享受骑行乐趣。

骑行线路

妥乐游客接待中心（起点）—东盟湖—小冲桐梓林—石桥景区路口—石桥加油—石桥镇中学—妥乐温泉钻井中心—新游客接待中心—妥乐游客接待中心（终点）（折返）。

李南/供图

10 贵州坝陵河峡谷

坝陵河峡谷距离黄果树瀑布只有5千米，拥有世界低空跳伞基地，神秘的红崖天书，还有三国古驿道。

这是一个山高谷深，常年笼罩在雾气中的峡谷。坝陵河峡谷位于关索岭和晒甲山之间，两座山都留下了许多三国遗迹。关索岭，得名于关羽之子关索。三国时，诸葛亮南征孟获，关索便驻军于此，后来人们以关索岭来称呼。关索岭周围百余里，南北横绝，长50多千米，高1000米以上，山势峻伟，连绵起伏。1914年，在此设立关岭县，其名字就来源于关索岭，关岭成为全国唯一以三国人物命名的县。

而峡谷中最令人惊叹不已的，莫过于横跨在峡谷上的坝陵河大桥！2009年12月，横跨坝陵河峡谷的坝陵河大桥完工，该桥为主跨1088米的单跨钢桁加劲梁悬索桥，桥梁全长1564米，桥面至坝陵河水面370米，建成时是居"国内第一，世界第六"的大跨径钢桁梁悬索桥，是贵州有史以来修建的技术含量最高的桥梁。坝陵河两岸天堑变通途。而后，坝陵河大桥成为世界低空跳伞基地。

坝陵河两岸还有许多大瀑布，其中最有名的为滴水滩瀑布。滴水滩瀑布又叫作关岭大瀑布，分为三级，瀑布总高410米。最上层为连天瀑布，高26米，宽10米；中间为高滩瀑布，高130米；最下层为冲坑瀑布，高170米。观赏滴水滩瀑布，最好选择在夏季，这时候水量充足，十分壮观。游客不能到谷底观赏，只能在对面的晒甲山遥望。

TIPS

坝陵河大桥位于贵州安顺黄果树旅游区，距省会贵阳138千米，关岭高铁站34千米，沪昆高速黄果树收费站9千米，黄果树瀑布4.7千米。

自驾导航坝陵河大桥蹦极或坝陵河桥梁科技馆，沿黄果树收费站出口，经320国道可以便捷到达景区停车场。（注：导航坝陵河大桥会到桥面上，无法进入景区，桥上禁止骑行，可在景区内骑行。）乘坐高铁的游客，可在关岭站下车，高铁站出口有直达黄果树景区的旅游巴士，出站后可乘旅游巴士到黄果树转车至坝陵河景区，也可直接乘网约车到坝陵河景区，或骑行前往。

黄守进/摄（安顺市西秀区文广局/供图）

11 习水县自行车邀请赛赛道

　　习水县自行车邀请赛赛道线路始于希望城时代广场，途经杉王大道—五星街—黑桥—秦岭东路—游客接待中心—小火车道（便道，越野赛道约7千米）—环北大道—习水县全域旅游游客集散中心，比赛之余还能体验习水本土风情。

　　该赛道常年举办各类自行车赛事，如2019年"鳛部森林"全国职工山地自行车邀请赛，来自广东、山东、河南、安徽、吉林、广西、云南、福建、陕西等地的33支队伍共776名运动员相聚习水，"竞享"速度与激情，领略美丽习水的独特魅力。

　　习水属大娄山系和长江流域，位于贵州省北部，东连贵州省桐梓，西接赤水、古蔺，面向重庆，背靠遵义贵阳，是贵州襟川渝、通江达海的前沿窗口。

　　同时，习水是一片红色的土地。1935年，中国工农红军长征"四渡赤水河"，其中一、二、四渡就在习水境内。红军四渡赤水河留下的指挥部旧址，毛泽东、周恩来、朱德等同志住居，青杠坡战斗、梅溪河战斗等红军与川军、黔军殊死决战的战地遗址，红军书写的反蒋抗日标语等长征文化遗迹犹存，是昭示后人奋发向上，克服艰险的精神财富。

TIPS

路程较远,建议选择多种交通工具。外地骑友可选择先搭乘航班或高铁抵达遵义,再安排自驾或换乘班车前往。

遵义自行车运动协会/供图

12 白云区云雾山

　　白云区云雾山为贵阳市最高峰，主峰海拔1659米，方圆470余公顷，整个云雾山系总面积1200余公顷，登高云雾顶峰（微波站），山上风景撩人，极目远眺，贵阳市、金阳新区、白云区城区尽收眼底，新埔、水田、都拉、牛场等乡镇一目了然，分明是"会当凌绝顶，一览众山小"。

　　上山路线也是贵阳最具挑战的骑行路线之一。既有水泥路面又有越野路面，加上坡度大、海拔高，所以对自行车的性能、骑手的技术和身体素质有一定考验。

　　云雾山位于贵州省贵阳市白云区牛场乡境内，东连乌当区水田镇的董农村、三江村，南接白云区都拉乡上水村，西北接白云区牛场乡大林、瓦窑、石龙、祁山、大山、兴家田及牛场等村，距贵阳市区36千米，距白云区政府驻地29千米；依托云雾山及其周边各布依村寨，白云区政府已做了乡村旅游区规划（大林乡村旅游区），并经白云区政府批准实施。

　　云雾山麓分布有高大乔木，有连绵不绝的五色杜鹃、野板栗、红籽等灌木丛及宽阔无边的草场，其地形地貌类型齐全，或平坦无际、或沟壑纵横；山川雄奇、直插云霄，悬崖险峻、下探雾底；山顶风啸云绕、山间鸟鸣虫吟、山底浪拍涛急。

　　深秋入冬时节，山下或城区还是阳光明媚之时，山上已是白雪皑皑、雾凇挂枝头，它是贵阳市雾凇观赏的主要地区，可免南方游人到北国哈尔滨观看雾凇的长途跋涉、舟车劳顿。无比优越、得天独厚的是，夏秋全国各地酷暑难耐、令人焦躁之时，云雾山地区夏秋均温20℃，游人可登顶迎风，或潜湖戏水，或乘荫对弈，或歌场聚友。

李南/供图

TIPS

可从贵阳市区直接骑行前往。

13 猴耳天坑

　　猴耳天坑坑口直径300米，坑身280米，坑底最大直径也是280米，由于形状像猴耳，故名为"猴耳"天坑。

　　天坑在地理地貌上为喀斯特漏斗形，是地壳运动的产物，再加上千万年的雨水溶蚀冲刷，地下水系又长时间对岩层不断侵蚀搬运，最终形成了巨大的地下穴洞。"猴耳"天坑原始植被保护较为完好，多处溶洞暗河穿插其间，形成寻回曲折的通道，被当地人称之为"一线天"或"闪电门"的奇观就与天坑中的大片竹林相连。

　　这里一年四季气候温润如春、山花斗艳、百鸟争鸣，又为这片圣地平添了一种安静、祥和、自然的神奇色彩。景区内集天坑、峭壁、暗河、飞瀑于一体，融奇、险、秘、幽于一炉，溶洞、暗河错落有致，飞瀑流泉，还可以体验超级大秋千。

TIPS

可从贵阳市区直接骑行前往，也可选择"4+2"的方式，先自驾到开阳再骑行。开阳县城骑行到猴耳天坑接待中心约9千米，仅需耗时45分钟左右。

14 黔南州福泉市双谷生态体育公园

黔南州福泉市双谷生态体育公园离福泉市区6千米，是全国农业旅游示范点。景区内有梨园、葡萄园、杨梅园、五彩花田、20千米的五彩骑行慢道、5.2千米的全国"山地自行车赛"专业基地赛道。

从春天到秋天，每一个季节都有不同的景色。福泉旅游景点众多，自然风景独特，宗教历史文化内涵丰富，是研究古夜郎文化的重要遗址。绕行福泉古城，还有很多值得探究寻访的地方。

TIPS

外地骑友可选择先搭乘高铁到都匀东站再开始骑行。都匀东站距离双谷生态体育公园约78.5千米，骑行用时约6小时34分钟。景区内设置了自行车驿站等公共服务设施，骑行比较安全；如果绕行福泉古城，需注意交通安全；景区的最佳旅游季节为3—11月。

黑豹/供图

林剑/供图

骑行线路

1. 双谷体育公园骑行线路（20千米）：双谷迎宾大门—柳岸引瀑—紫荆园林—杨梅园—葡萄园—花仙谷驿站—梨园驿站—梨花广场。

2. 福泉古城绕行线路（10千米）：福泉市行政中心（起点）—右转—经洒金北路—金城龙座右转—叠翠路右转—上高架桥左转—到二中路口红绿灯右转—经南光路至洋桥红绿灯左转—进入古城景区左转—经古城景区大门左转—到二中路口红绿灯右转—教场路至福泉职中右转—麒龙国际直走—迎宾门直走—市一医新地左转—经五月花学校至第二个十字路口左转—叠翠大桥左转—洒金河畔右转—福泉市行政中心（终点）环行。

美食推荐

剔骨鸡、酸汤牛肉、砂锅羊排、荷香手撕鸭、螺丝鸡。

周边景点

1. 福泉山

福泉山因山上有泉名"福"，故而得山名——福泉山，福泉山又名高贞观，位于福泉市西南隅，福泉因此山而得名。贵州道教圣地，相传一代宗师张三丰到此修炼得道成仙。景区内有福泉井、古城墙等景点可游览。

2. 葛镜桥

西南桥梁之冠，位于福泉市城东南2.5千米处，桥长52米，宽5.5米，高30米，横跨在麻哈江两岸绝壁之上。桥在绝壁之上起拱，借江心一礁石下脚，设计绝妙，用料考究，工艺精湛，历经四百多年，坚固如初。著名桥梁专家茅以升在其主编的《中国桥梁技术史》中评价其为"工程艰巨，雄伟壮观，为西南桥梁之冠"。

3. 洒金谷

福泉市洒金谷水利风景区依托陡河水库等工程而建，属于城市河湖型水利风景区。该景区为鱼梁江、诸梁江、沙河三水切割所成，以三江交汇处为峡谷景观中心，融历史人文景观和自然景观为一体，以"古、幽、奇、险"而闻名。古桥、古驿道、古摩崖石刻散布景区，谷内绝壁高峻，雄浑磅礴，三水斗奇，奇峰飞瀑，青山绿水，佳景荟萃。有国宝葛镜桥（豆腐桥）和古城墙，有将军石、涌雪瀑、金龟戏瀑、一线天、仙影岩、仙人洞等景物，好一幅秀美的山水画，被游客称颂为"小三峡"。

4. 福泉古城墙

福泉古城墙位于福泉山，始建于明洪武十四年（1381年），距今已有600多年历史，外形仿似八达岭长城，它创建了"水城"的经典，首次将水源、水能纳入防御体系。

"水城"内部共有城楼四座，周长4700米，高7米，宽3米，目前，东、西、南、北方向的城门都完整保存至今。城墙围水的河面上架有上下两座三孔石拱桥，与外墙连为一体，形成了"桥上城，桥下城"的建筑奇观。每洞桥孔中央都有升降铁闸门，战时将闸门降下，防止敌军偷袭。城墙依山傍水，形成了"里三层，外三层，石城围水小西门"的独特格局。

15 麻江苗岭三十六道拐山地自行车爬坡挑战赛道

苗岭36道拐位于黔东南州麻江县宣威镇东北部，这里风景宜人，山地户外资源丰富。东邻凯里市，西连龙山镇，南接富江村，北抵凯里市经济开发区下司古镇。这里民族风情浓郁，有海拔1358米的苗岭山，有碧波荡漾的清水江。可谓山水相连，动静相依，景色醉人，是城里人乡游的好去处。

麻江宣威镇的龙江村内的苗岭有三十六道拐，比晴隆的二十四道拐还要多12道。苗岭三十六道拐，366米的海拔落差，全程3.3千米，拐点最高1032米。

苗岭36道拐位于龙江村的苗岭（山名）上，苗岭山上住着上苗岭和下苗岭两个苗族村寨，三十六道拐就是通往这两个寨子，原本这里只是一条泥巴路，2015年修建水泥路后，全变成了灰白色的，更加引人注目。赛道以海拔落差大、赛道陡、弯道多而吸引众多资深骑友纷纷前往挑战。

TIPS

外地骑友可选择先搭乘高铁到凯里南站再开始骑行。凯里南站距离苗岭村约16.5千米，骑行用时约1小时23分钟。也可选择飞抵黄平，然后从黄平机场骑行前往。黄平机场距离苗岭村骑行距离约85.7千米，需用时7小时10分钟。

1. 乌羊麻风景区

黔东南麻江县宣威镇乌羊麻生态旅游度假村是2006年贵州省批准立项的全省102个新农村建设示范点之一，是贵州省级名胜风景生态旅游胜地的有机结合项目之一。乌羊麻风景区交通便利，距沪昆高速公路出口下司站21千米，距黔东南州府凯里41千米，森林覆盖率达70%。

2. 龙山镇乌卡坪蓝梦谷风景区

中国生态蓝梦园——蓝梦谷山水环绕，风景秀丽，气势壮观，生态环境优美，距离下司古镇17千米，是全国最大的有机蓝莓种植区。这里有最完整的蓝莓产业文化展示区，有"最具诗意的山地自行车赛道"，有最富氧离子的山地嬉戏游乐项目，在麻江蓝莓生态循环产业示范园，休闲时光与郊外野游得到完美结合。

李南/供图

第六节

阳明心学
悟道行

骑行贵州，有一条旅游线路是一定不能错过的，那就是贵州的阳明心学悟道之旅。

提起阳明心学悟道，自然不得不提王阳明。

明代思想家、军事家，心学集大成者——王阳明（1427—1529年），名守仁，字伯安，浙江余姚人，世称"阳明先生"。众所周知王阳明著名的三个理论核心即"心即理""知行合一""致良知"。

他所提倡的阳明心学是中国思想文化史上的重要学说之一。

明朝正德三年（1508年），兵部主事王守仁因开罪宦官刘瑾，触怒了明朝皇帝，被发落到贵州龙场，也因此开始了他与贵州的不解之缘，也开启了心学的三年成就之旅。可以说王阳明生于浙江，成道于贵州。

从芷江县入境，经玉屏、镇远、施秉、黄平、炉山、福泉、贵定、龙里、贵阳，最终抵达修文……这是500年前王阳明被贬谪到贵州的入黔路径。在贵州的三年里，王阳明不仅留下了"致良知""知行合一"的著名思想学说，还留下了众多故事、诗词、文章。

"圣人之道，吾性自足，向之求理于事物者误也。"在龙场，王阳明结合历年来的遭遇，日夜反省。一天半夜里，他忽然有了顿悟，这就是历史上著名的"龙场悟道"。

除龙场悟道外，他入选《古文观止》的3篇作品，有两篇创作于贵州。他在《兴隆卫书壁》中描绘贵州的山川名胜、风土民情："山城高下见楼台，野戍参差暮角催。贵筑路从峰顶入，夜郎人自日边来。"他盛赞："天下之山，聚于云贵。"

王阳明在龙场讲学授课，创办龙冈书院，首开贵州书院讲学之风。

五百年后，为进一步推动文旅融合，贵州组织阳明文化研究专家、文旅规划专业人士等通过文献研究和实地调研，根据王阳明在贵州的活动轨迹和主要经历，整理提炼了"阳明·问道十二

"境"文化符号，并对其进行有机连接，形成一条经典游学线路。

"阳明·问道十二境"为：龙场悟道、兴隆书壁、平越思隐、古道心旅、陆广晓发、水西论象、龙冈开讲、贵阳传道、南庵答和、南祠咏怀、东山遗韵、镇远留书。

今天，我们依然可以循着王阳明在贵州的足迹，知行合一，一起探寻阳明悟道之旅，从心出发，回归内心简单的追求，寻找人生更美好的意义与价值。

目的地推荐

李南/供图

① 修 文
阳明洞

阳明洞原名"东洞"，位于贵阳市修文县城东1.5千米的栖霞山上。500多年前王阳明被贬谪为贵州龙场（今修文县城）驿丞时，曾游息研读于此，遂将东洞更名为"阳明小洞天"，世称"阳明洞"。

阳明洞是中国明代哲学家和教育家王守仁遭谪贬时居住过的处所，王阳明谪居龙场三年，在这风餐露宿的山洞中潜心悟道，成就了他著名的"心即理"和"知行合一"学说，并萌发"致良知"思想，为其成为著名哲学家奠定了基础。2006年，阳明洞被列为全国重点文物保护单位。

这里也是举世闻名的爱国将领张学良被软禁过的地方。这里山清水秀，景色迷人，多少年来游人不断。研究阳明之学，不能不到贵州，不能不到修文，不能不到阳明洞。

TIPS

可直接从贵阳市区骑行前往，也可自驾或搭乘班车到修文后，再开始骑行。

美食推荐

首推扎佐蹄髈火锅，一定要加酸菜。其他美食诸如糖麻圆、鸳鸯酥、香油龙凤腿、肠旺面、凉拌折耳根也不错。

李南/供图

修文县玩易窝

　　修文是王阳明到贵州的定居点，也是王阳明悟道之处。王阳明初至修文龙场时，在离驿站不远的一个天然小溶洞里住宿生活，诵读《易经》，因此给此洞取名"玩易窝"，并作《玩易窝记》。期间，王阳明结合历年来的遭遇和所学所思，日夜反省，一天半夜顿悟"圣人之道，吾性自足，向之求理于事物者误地也"。此即"龙场悟道"，既是阳明心学的起点，也是中国思想史上的重大事件。玩易窝为国家级重点文物保护单位。

TIPS

可直接从贵阳市区骑行前往，也可自驾或搭乘班车到修文后，再开始骑行。

李南/供图

黄平县飞云崖、月潭寺

飞云崖，亦称飞云洞，位于黄平县，建于明正统八年（1443年），经历代增修扩建，形成一组别具特色的古建筑群，有"黔南第一奇境""黔南第一洞天"等殊誉。明正德三年（1508年）初春，王阳明途经兴隆卫（今黄平），在这里留下了很多遗迹，作有《兴隆卫书壁》一诗，还曾在山下月潭寺留下名作《重修月潭寺建公馆记》，写道："天下之山，萃于云贵。连亘万里，际天无极。"生动描述了贵州山的特点，文章表达了"为政之要在于宜人"的观念。飞云崖古建筑群为国家级重点文物保护单位。

TIPS

可搭乘航班抵达黄平，再开始骑行，或者直接"4+2"前往。

福泉市平越驿站、七盘古驿道

平越是贵州黔南州福泉市的古称。平越驿站位于福泉城南南门桥，始建于明洪武五年（1372年），曾是贵州著名的十六个驿站之一，王阳明入黔时在此小住。当前驿站为近年修复，驿站大厅有悬雕《贵州古驿道示意图》和《平越府驿道交通示意图》及《福泉赋》。

七盘岭是古平越的著名去处，山势雄奇，险道盘曲。王阳明途经平越七盘古驿道，作《七盘诗》，表达了对贵州地貌"境多奇绝"的赞叹。平越古十景之一的"七盘晚照"便是古驿道景观。诗中"投簪实有居夷志，垂白难承菽水欢"流露出弃官归隐的情绪，这种情绪在王阳明居贵州、悟道之前所作诗文中多次出现。

TIPS

可搭乘高铁至贵定北站，然后骑行前往平越古城。全程骑行距离约48.9千米，需耗时4小时5分钟左右。

林剑/供图

修文县天生桥、三人坟、蜈蚣桥

王阳明在龙场期间，造访修文县天生桥，并在此留有诗作《过天生桥》。天生桥位于修文县城西北12千米的谷堡乡哨上村境内，不远处有奢香夫人所开龙场驿至六广驿的古驿道，还有王阳明笔下"吏目"一家的三人坟。

王阳明在此目睹"吏目"一家客死异乡之事，触景生情，作《瘗旅文》凭吊死者，被收入《古文观止》。此文表达出悲天悯人的情怀，是王阳明悟道前的重要经历和感触。蜈蚣桥，又名龙源桥，位于修文县城西10千米处蜈蚣坡，距三人坟不远，系古代龙场驿（今修文）至陆广驿（今六广）之重要津梁。蜈蚣桥所在的蜈蚣坡古道为全国重点文物保护单位。三人坟为省级重点文物保护单位。

TIPS

可直接从贵阳市区骑行前往，也可自驾或搭乘班车到修文后，再开始骑行。

李南/供图

修文县六广河、阳明古渡、飞龙峡

《陆广晓发》是王阳明创作的一首七言律诗，笔调愉快活泼，将六广河的山光水色描绘得令人如临其境。六广河码头，又名阳明码头，因王阳明曾游历六广河大峡谷，并留下赞咏诗篇而得名。码头广场正中树立一尊高8米的王阳明石像，峡谷游船都由此出发。第三峡飞龙峡有一尊高耸的石笋，命名为"阳明妙笔"，当地老百姓传说其乃当年王阳明写诗作文时所用之笔，用后留于此变成石笋。

李南/供图

TIPS

可直接从贵阳市区骑行前往，也可自驾或搭乘班车到修文后，再开始骑行。

田俊/供图

修文县阳明洞、龙冈书院

阳明洞、龙冈书院位于修文县龙冈山，坐落于中国阳明文化园内。阳明洞在龙山半腰，原名"东洞"。王阳明从草庵移居其间后题名"阳明小洞天"于洞壁上，并著有《始得东洞遂改为阳明小洞天》诗三首。龙冈书院是王阳明亲手创建的第一个书院，《贵州通志》记载，"黔中之有书院始于龙冈，龙冈之有书院始于阳明"。王阳明曾作《教条示龙冈诸生》，提出"立志、勤学、改过、责善"的治学要求，系统地阐述他的教育思想。2018年，修文县新建"龙冈书院"，重新激活、丰富了书院原有的讲学功能。阳明洞、龙冈书院旧址为国家级重点文物保护单位。

TIPS

可直接从贵阳市区骑行前往，也可自驾或搭乘班车到修文后，再开始骑行。

李南/供图

贵阳市文明书院

王阳明悟道于修文，传道于贵阳。文明书院旧址在今贵阳市云岩区市府路，原贵阳市人民政府所在地。明正德三年（1508年），时任贵州提学副使毛科邀王阳明前来讲学，王阳明作《答毛拙庵见招书院》以谢绝。后毛科继任席书再次邀请，王阳明方始到文明书院讲学。王阳明曾作有《书庭蕉》《春日花间偶集门生》记叙文明书院事。学界普遍认为，王阳明在文明书院讲学期间，与席书论学，始论"知行合一"。文明书院讲学的经历对王阳明心学体系的形成和贵州教育的发展均有重要意义。

TIPS

可直接从贵阳市区骑行前往。

贵阳市翠微园（原南庵）

曾瑶/供图

南庵始建于明代，在贵阳市南明区翠微园内，与贵阳标志建筑甲秀楼毗邻。王阳明在贵阳讲学期间，曾数次游历南庵，并与友人答和写下《南庵次韵二首》，另有《徐都宪同游南庵次韵》诗，诗中虽然也有思念家乡、悲叹际遇的感怀，但总体而言描写的画面美丽动人、胜似江南，反映出诗人悟道后逐渐摆脱了刚被贬谪时的晦暗心绪。该地经历朝修缮改名，明弘治《贵州图经新志》、清康熙《贵州通志》等史书均有相关记载。1990年起，贵阳市人民政府修复并命名为翠微园。翠微园、甲秀楼均为国家级重点文物保护单位。

TIPS

可直接从贵阳市区骑行前往。

贵阳市达德学校
（原南霁云祠）

南霁云系唐朝玄宗、肃宗时期名将，安史之乱期间，抵抗安史叛军，屡建奇功。贵阳南霁云祠始建于元代，系为纪念南霁云及曾任贵州清江太守的南霁云之子南承嗣而建，旧址在今贵阳达德学校。王阳明曾作七言律诗《南霁云祠》，寄托对忠烈的怀念和敬仰。该祠明清两代曾多次重修和增修，改建为忠烈宫。后来，在此诞生了达德书院，它是贵州第一个研究自然科学的团体——算学馆所在地，是贵州第一批创建新式私立小学的地方，是贵州第一个门类齐全的学校。革命先烈王若飞曾在此求学任教。达德学校为国家级重点文物保护单位。

TIPS

可直接从贵阳市区骑行前往。

贵阳市阳明祠、东山来仙洞
（仙人洞）

东山又称栖霞山，在贵阳市东门外，属云岩区。原有东山寺，已毁。摩崖、碑刻尚多保存。阳明祠位于东山扶风山麓，始建于清嘉庆十九年（1814年），系为纪念王阳明而建的祠堂。祠内现存王阳明朝服线刻坐像，两侧有先生手书"壮思风飞冲情云上，和光春爽气秋高"木刻对联。殿堂外碑廊又有王阳明手书《矫亭记》和家书文稿及燕服画像。此外，还有清代学者莫友芝、何绍基等人游览祠堂题咏的诗文碑刻及捐资修建人员名册石刻，皆为极其珍贵的历史文物。来仙洞位于东山腰狮嘴中，自古为诗人墨客游玩、吟诗作对的地点。王阳明曾多次游历于此，留有诗篇《来仙洞》《游来仙洞早发道中》。阳明祠为国家级重点文物保护单位。

TIPS

可直接从贵阳市区骑行前往。

罗冠宇/供图

镇远县青龙洞、江西会馆、舞阳河

镇远是黔东古镇，作为"滇楚锁钥，黑黔东门户"，系王阳明入黔第一站和离黔的最后一站。明正德五年（1510年），王阳明离黔赴赣，他舍不下在贵州的弟子和结交的友人，一路行至镇远，下榻江西会馆，连夜给龙场旧友门生写下书信——《镇远旅邸书札》。《镇远旅邸书札》及其他阳明诗文的梳理和补充，进一步确定了"黔中王门"是王门正宗学派之一。镇远青龙洞、江西会馆为国家级重点文物保护单位。

TIPS

可从贵阳坐火车抵达镇远古镇后再骑行，或者坐高铁至凯里南，也可以搭乘航班至黄平机场，之后分别从凯里南站、黄平机场出发骑行前往。凯里南站骑行到镇远古城全程约 106.6 千米，耗时约 8 小时 55 分钟，黄平机场到镇远古镇骑行距离约 62 千米，需用时 5 小时 11 分钟。

黔西象祠

黔西象祠景区位于黔西县素朴镇。始建于蜀汉时期，至今已有一千七百多年历史。明宪宗成化十年（1474年），彝族首领安贵荣继任贵州宣慰使，重建象祠。安贵荣请与自己交情深厚，并且与水西民族结下深厚情谊的王阳明先生作文记之，王阳明欣然写下了不朽的千古名篇——《象祠记》。《象祠记》以唐人毁象而黔西奉祀象的史实，赞扬了水西各族人民的忠厚、淳朴及豁达的胸怀。《象祠记》后被收入《古文观止》。

王阳明先生在《象祠记》中提出了"吾于是盖有以信人性之善，天下无不可化之人也""而君子之修德，及其至也，虽若象之不仁，而犹可以化之也"的著名论断，宣扬了他的"性善论""致良知"。自此之后，中原文化源源不断地传入水西，不断充实和丰富了象祠文化的内涵。近年来，当地政府重修象祠，现在成为黔西灵博山象祠景区。

赤水市文体旅游局／供图

TIPS

路程较远，建议通过"4+2"的模式前往。可从贵阳出发，贵阳龙洞堡机场距离素朴镇，骑行约96.5千米，用时约8小时4分钟左右。

孔学堂

孔学堂坐落在贵州省贵阳市南郊，东毗大成山，西邻花溪河，俯瞰国家级湿地公园十里河滩，分为已建成的"公众教化区""中华文化国际研修园"，以及尚在建的三期"文化创意产业园"。

其建筑设计以汉唐风格为特点，一改各地孔庙采用的明清风格，如此规划建设既传承了孔庙的精髓，又结合实际大胆创新。就风格而言，像孔庙但又不是孔庙；功能方面，孔学堂更是提出以"学研"为主，旨在学习、传播、交流、分享传统文化。

在功能定位上，孔学堂是以"传承与弘扬儒学的圣殿，教化与开启新风的基地"为目标，具有教化、礼典、祭祀、典藏、研究、旅游六大基本功能，就建设规模、面积、功能来说，可谓首屈一指。

TIPS

可直接从贵阳市区骑行前往。孔学堂毗邻贵阳著名的骑行胜地——花溪十里河滩。杨柳依依、流水潺潺，说的正是那里。如果游过了孔学堂，不妨就近来一段骑行，不用担心没装备，周边的租车档能让你轻松享受骑行的乐趣。

余振芬 / 供图

第三章
多彩贵州·骑行基地
+ 赛事介绍

安顺市西秀区文广局／供图

贵州省山地户外运动管理中心／供图

第一节

贵州骑行基地一览

近年来贵州省抢抓山地旅游发展的契机，积极举办各种户外赛事，尤其是骑行，旨在以赛促旅、以赛兴业、借赛促游。

为了加快推进贵州省自行车运动的蓬勃发展，选拔培育专业自行车选手的后备人才，贵州省体育局批授了一部分能满足山地自行车专业训练的场地。这些训练场地主要依托全省各地新建的生态体育公园和一部分校园内已经具备的场地条件。

山地越野赛选择的路线通常是由高速度下山路段、爬山路段、乡间路段、砂石路段、森林路段和短暂的柏油路段组成的环形赛道。

不论何种地面和气候条件，要求赛道100%能够骑行。奥运会山地车比赛，一般选择5千米至9千米长的环形赛道。赛道上每隔1千米设一个标志牌，标明距离终点的千米数。距离较长的狭窄赛段必须间断地设置一些可供超越的路段。赛道路况要有清晰的路标指示，路标大小为宽0.2米，长0.4米。

训练场地的标准，基本按照比赛场地的标准而建，这对促进贵州省山地自行车运动的发展和专业运动队成绩的提升有较大帮助。

1. 福泉双谷生态体育公园山地自行车运动基地

【赛道长度】： 5千米

【项目简介】： 基地位于福泉双谷生态体育公园。双谷生态体育公园，国家3A级旅游景区。景区总规划面积28平方千米，已形成1.5万亩"金谷福梨"、3千亩葡萄、1.5千亩杨梅水果产业，并先后举办了14届"金谷春雪"梨花节、承办了10届全国山地自行车锦标赛和冠军赛，并先后荣获"全国农业旅游示范点""全国一村一品示范村"等称号，是集山地自行车运动、民俗体育文化、农业观光休闲旅游为一体的生态体育公园。

2. 安顺经开区娄湖生态体育公园贵州省山地自行车训练基地

【赛道长度】： 4.3千米

【项目简介】： 娄湖生态公园赛道不仅集挑战性、趣味性于一体，还融合了娄湖的美景，让所有选手能够在比赛过程中，获得一种特别的享受。一方面是美景带来的视觉上的享受，一种是比赛带来的肾上腺素被激活的兴奋的享受。娄湖生态公园赛道蜿蜒曲折，一路有上坡，有缓坡，有急弯，整个赛道依据山形走向设计，可以让骑手真正体验刺激的快感。

裴家华／供图

3. 铜仁市玉屏县茶花泉景区贵州山地自行车训练基地

【赛道长度】：4.8千米

【项目简介】：茶花泉，位于贵州省铜仁市玉屏县，国家3A级旅游景区。是依托中国油茶之乡的文化品牌和产业优势，利用丘陵地势规划建立的一个以生态农业为主导的全新景区。景区山清水秀、空气新鲜、道路幽静，是广大旅游、度假、骑行、摄影爱好者的必到之地。

景区目前已经拥有油茶基地、茶花园、湿地公园、水库、混寨瀑布、龙泉（天然山泉）等景点，周边还有铁柱山、卧佛山、古樟树群等自然景观和人文景观，资源十分丰富，园区内建有观光步道、文化长廊、景观亭和导服中心。纵横交错的园区柏油道路，成为绝佳的山地自行车赛道。截至目前，已连续举办了多场山地自行车赛事。

其中，2019第三届"多彩贵州"自行车联赛（总决赛）玉屏站暨第六届贵州玉屏"相约茶花泉"山地自行车赛比赛赛道，是按照国际标准修建的长度约为5.5千米的越野赛道，主要以油茶树丘陵地貌为基础，修建了一些具有一定难度和观赏性的技术点，以陡急爬坡、跳台、S形弯、土坡、发夹弯、U形弯等技术点为主。赛道非常考验运动员的爬坡、体能、技术、路线选择等，是一条技术和体能兼容的综合型赛道。该赛道得到了省内外参赛选手的一致好评。

4. 贵州工业职业技术学院自行车训练基地

【赛道长度】：3千米

【项目简介】：贵州工业职业技术学院自行车训练基地坐落于美丽的清镇校区内，是学院整合育人资源，创新育人渠道，落实"三全育人"思想的重要途径，是铸就工职院"忠诚坚定、阳光自信、身手敏捷、体魄健康、团结协作、血性担当"学子品格的重要平台，是培育德、智、体、美、劳社会主义合格建设者和可靠接班人的有效载体。贵州工业职业技术学院自行车训练基地立项于2018年12月28日，2019年8月15日正式施工，2019年12月25日竣工并投入使用。

贵州工业职业技术学院是贵州省首个建有自行车训练基地的高校，被贵州省体育局授予"贵州省自行车训练基地"称号。总面积约34,930平方米，其中广场面积约11,190平方米，山体自行车赛道区域面积约23,740平方米。广场部分主要有集散活动区、小轮车本道区、自行车极限攀爬区和游园观赏区。山地自行车赛道区包括初级赛道与高级赛道，其中初级赛道长度1.3千米，高级赛道长度为1.7千米，总长度为3千米。赛道全程由自行车专业人士设计打造，以国家级山地自行车赛道标准修建。赛道由沥青混凝土路段、爬山路段、乡间路段、砂石路段、森林路段和高速度下山路段六个路段组成的环形赛道。达到专业自行车训练及比赛标准要求，属于国家级标准的山地自行车越野赛道。下一步基地还将延伸建设新赛道，待完善后将全面对社会开放。

5. 余庆县松烟镇二龙茶园山地自行车赛道

【赛道长度】：6千米

【项目简介】：赛道设置在松烟镇二龙茶园中心景区，精心设计的赛道穿梭在碧波荡漾的茶海里。余庆县松烟镇自2008年以来，多次举办大型自行车赛事，吸引了全国各地自行车爱好者前来骑游观光，被誉为"中国第一骑游小镇"。茶园内路况蜿蜒起伏，复杂多变，沿途风景优美茶香怡人，给人带来挑战的同时也带来了美的感受，可谓悠然自得，累并快乐着。

6. 湄潭县中国茶海景区自行车赛道

【赛道长度】：6千米

【项目简介】：中国茶海景区位于湄潭县永兴镇，采用的是全新规划的6千米山地自行车联赛专用赛道，比赛线路贯穿"万亩茶园"，赛道两旁郁郁青青，茶香袭人，选手将在赛道中感受自然之美的同时也体验越野竞技之趣。湄潭县是"贵州茶业第一县"，所产"湄潭翠芽""遵义红""贵州针""湄江翠片"等品牌茶叶享誉中国。土地肥沃、山川秀丽、生态良好，被誉为"贵州高原上的一颗明珠"和"云贵小江南"。湄潭同时也是一个运动之城，仅2015年以来，就成功举办了"遵义·中国茶海"山地自行车赛、中国茶城半程马拉松等大型品牌赛事，极大地推动体育与旅游的融合发展。

7. 龙里谷脚茶香自行车主题公园

【赛道长度】：5千米

【项目简介】：谷脚茶香自行车主题公园位于龙里县谷脚镇茶香村，与贵阳市相距25千米，距龙洞堡机场15千米，距高铁龙里北站10千米。

公园环绕茶香村"十里刺梨沟"，沟内绵延10余里集中连片种植水果刺梨，是贵州省规模最大的刺梨基地。刺梨沟核心区方圆10余里，森林覆盖率达90%，生态植被良好、环境优美，俨然一幅浑然天成的乡村美景。

公园规划面积约为567公顷，以山地自行车赛事为亮点，以户外休闲旅游为主题，以生态保护为基础，以美丽乡村建设为目标，建设特色突出、训赛一体、环境优美的自行车主题公园。

目前，已按照国际级标准建成山地自行车赛道5千米，休闲骑行赛道10千米，5000平方米活动广场和3000平方米文化广场各1个，自行车主题雕塑4座。主题公园以导入山地自行车赛事为切入点，发挥区位、环境、地形优势，为比赛和训练营造良好配套条件，满足比赛对于交通、赛道、场地、食宿、报道等方面的需求，提供较完备的旅游设施，满足其行、游、食、住的需要。

8. 贵州骏驰国际赛车场

【赛道长度】：赛道全长2.198千米，赛道依山而建，具有14处弯角，高差达10米。

【项目简介】：贵州骏驰国际赛车场是全国首条国际认证的综合性赛道，集场地及跨界拉力赛道为一体，坐落于中国历史文化古镇青岩。自2014年赛道建成举办了CRC中国短道拉力锦标赛，CTCC中国房车锦标赛，CRCC中国跨界拉力锦标赛，CRRC全国公路摩托车锦标赛等国家级赛事，同时更有众多区域性赛事及活动举办。

骏驰汽车运动产业园是西南地区首个大型汽车运动产业基地。项目总占地580亩，计容总建筑面积30万平方米。项目规划以骏驰国际赛车场、驾驶体验中心、露营中心、旅游商业综合体四大版块为载体。

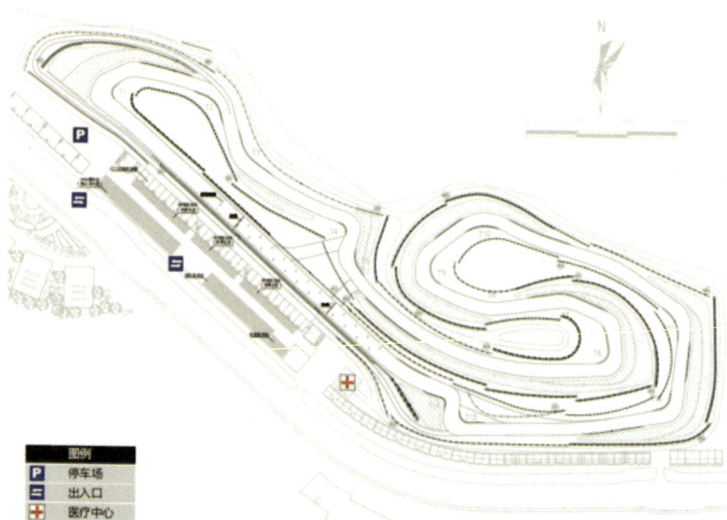

贵州骏驰国际赛车场 | 场地赛道图

9. 德国凯世泵道产业园（贵阳）

位于贵阳奥体中心的德国凯世泵道产业园（贵阳）项目，是德国著名的高科技资源类项目整合平台德国全球交易中心（GTC-GmbH）的又一力作。该项目是第一个产业级的社交项目，它吻合了大多数现代人的体育运动诉求：健身和交友。通过泵道运动的同时，来达到交友、沟通和社交的目的。

该项目是第一个"运动首先是为了健身，而非为了竞技"的新理念传播平台，突破了传统体育赛事以竞技体育为基础的定调，该项目聚焦和服务于最广大的老百姓的体育梦：为了健康和快乐。此外，该项目还是第一个把泵道基础设施同时设定为初级、中级、高级赛道的泵道公园。

张婧/供图

第二节

重要赛事

一览

近年来，贵州省利用生态优势、民族特色文化以及独具特色的地形地貌特点，走体育旅游融合发展新路，以"山地户外运动"为重点，打造出一系列自行车精品赛事，品牌建设初见成效。

贵州举办的自行车赛事影响力越来越大，参赛人数越来越多，其中最重要的原因是全省各级政府部门充分认识到高水平的体育赛事对拉动地方经济、塑造城市形象、推进旅游品质升级的作用和价值，积极与体育部门合作，举办了"多彩贵州"自行车联赛、"全景贵州"国际公路自行车赛、"环梵净山国际公路"自行车赛等一系列国际国内具有较大影响力的重大赛事。

贵州具有独特的喀斯特地貌特征，山多、坡陡，很容易修建起伏、有坡度、有飞包的比赛赛道，先天的地理条件加上政策的支持，赛事主办方在赛制上的创新，懂得如何打造吸引眼球的赛事亮点，并且不断丰富赛事内容，这些策略和措施充分激发了广大自行车运动爱好者和职业选手的参赛愿望。贵州通过这些赛事的举办，使体育旅游人数增长显著，体育旅游消费规模逐步扩大，贵州省体育旅游的国际知名度、美誉度得到较大提升。

贵州省山地户外运动管理中心／供图

NO.1
"多彩贵州"自行车联赛

"多彩贵州"自行车联赛自2017年启动，至2021年已连续举办五届。

作为贵州省体育局集中力量打造的首个自主IP赛事，"多彩贵州"自行车联赛旨在整合贵州自行车赛事资源，推进全民健身项目的发展，引导并促进自行车运动社会化、职业化，最终实现体旅深度融合，助力地方经济发展，助力脱贫攻坚和乡村振兴。

该比赛由贵州省体育局、各承办地市（州）人民政府主办，贵州省山地户外运动管理中心、各承办地市（州）体育局、贵州省汽车摩托车自行车运动协会承办。

按照"抓资源、促发展、抓特色、树精品"，加快发展体育竞赛表演产业的发展思路，"多彩贵州"自行车联赛积极探索"体育+旅游""体育+扶贫"之路，将自然风光、人文景观与自行车赛事体验有机融合，不断丰富自行车运动业态，推动体育旅游产业得到较快发展。

联赛每年举办5站，至今已累计成功举办了20站。比赛吸引国内知名俱乐部车队及自行车爱好者参加，参赛运动员每站在1000~1500人左右，成为国内首个同时举行山地与公路赛全年积分制联赛。比赛设置公路车男子精英组、山地车男子精英组、男子公开组、女子公开组、青少年组5个组别；此外，比赛还设置有自行车极限攀爬、儿童滑步车等配套活动。

围绕着"多彩贵州风·乐在骑行中"的主题，赛事与当地政治、经济和文化紧密融合。在各级、各部门通力配合下，截至目前，该项赛事已办成了国内自行车赛事的标杆，为自行车运动普及带来了积极的成果，为脱贫攻坚做出了应有的贡献，取得了领导满意、运动员满意、群众满意的效果，得到了国家体育总局的高度肯定。

比如2018年7月14日举办的巴拉河之夏公路赛，主办方利用自身的地域特点，把民族特色、自然景观融入线路中，设计了一条吸引眼球的亮点线路，起点从凯里市民族风情园出发，沿三棵树—南花—郎德—巴拉河，终点设在雷山县城，线路总长80千米。

在沿巴拉河峡谷的赛道途中，选手既欣赏了峡谷风光，又能感受到沿岸苗族村寨的古朴，展现人与自然的融合，给人以征服自然纵情山水的联想。这样的活动，对赛事举办方也产生了较大的社会影响力，对当地经济的发展，特别是旅游业的发展起到了促进作用。作为国内顶尖的自行车联赛，至今联赛已连续三年突破中国自行车双日赛记录，2017年、2018年连续两年被评为"中国自行车坛最具影响力赛事品牌"，并入选"2018年贵州体育十大新闻"，2019年被体育总局评为十佳精品赛事之一，2021年入选中国体育旅游精品项目。

贵州省山地户外运动管理中心／供图

NO.2
"全景贵州"国际公路自行车赛

"全景贵州"国际公路自行车赛是由国际自行车联盟批准，中国自行车运动协会、贵州省体育局和各市（州）人民政府主办，贵州省山地户外运动管理中心、各市（州）体育局、贵州省汽车摩托车自行车运动协会承办。比赛是国际B类赛事，等级为2.2级，是我省推出的首个UCI积分国际职业公路自行车自主IP赛事。

2019"全景贵州"国际公路自行车赛赛事主题为绿色、和谐、健康、开放。全年将举办3～5站，每站为期1天，设男子国际公路职业组、男/女公路业余组、山地车男子精英组、大众组、挑战组等6个组别，预计将有22支职业车队（国内含港澳台地区14支职业队、国外8支职业车队，每队6名男子选手）和业余车手共计1千人参加本次比赛。

此外，组委会将在全省选取拥有得天独厚的山地旅游资源、多元化的少数民族文化与完善的交通基础设施的3～5个县（区）举行本次比赛，通过自行车运动的魅力，串联起全省的山地景观与民俗文化，向全世界展示一张张山清水秀、人杰地灵、热情好客的城市名片，向世界展示贵州旅游资源的风采，提升贵州旅游资源的国际影响，实现"体育+旅游"的融合式发展。

在赛事运行方面，由中国自行车运动协会与贵州省体育局指定的专业竞赛团队为赛事保驾护航，顶级竞赛供应团队为赛事提供服务；在赛道设置方面，严格按照国际自行车联盟要求，同时结合贵州当地道路基础设施，充分展示城市特色与民俗文化；在媒体宣传方面，实现全球化、多媒体、全方位的赛事报道，在报道赛事的同时，宣传城市形象。

NO.3
环梵净山国际公路自行车赛

　　铜仁借助优越的自然生态环境独特的文化体育资源，积极培育壮大以健身内容支撑的运动康体产业，环梵净山国际公路自行车赛作为铜仁市重大体育赛事之一。秉承"生态骑行、醉美铜仁"的办赛理念，将体育与旅游深度融合，通过自行车运动与精品旅游景区联合，构建了一道独特的赛事"流动风景线"，最大限度地发挥了体育旅游活动的桥梁和窗口作用，以最全面、最新颖的视角让人们感受到多彩贵州独特的自然人文，为铜仁市带来了前所未有的活力，助推其成为贵州旅游核心区的重要支点、知名的国际旅游城市。

　　铜仁市每年举办的环梵净山国际公路自行车赛，赛事内容和赛道安排都是精心设计的，把运动比赛和当地独具特色的旅游景区相融合。

　　比如2019年的赛事站点位于朱砂古镇，这里有悠久的朱砂文化和丰富的自然景观，吸引很多海外自行车骑手前来参赛，有来自加拿大、英国、伊朗、白俄罗斯、比利时、俄罗斯、哈萨克斯坦、塞尔维亚等10个国家的海外骑手和中国骑手展开竞决。

　　赛道起点位于万山区朱砂古镇牌坊大门口，途经九丰农业博览园、江南水乡·滨河公园等重要景区，参赛选手在尽享极速运动的同时，领略了青山环抱、绿水萦绕的优美风光和多姿多彩的民俗文化。

　　此次赛事的成功举办不仅对铜仁万山汞矿遗址申报世界文化遗产和朱砂古镇创建国家5A级旅游景区起到了积极推动的作用，同时也是宣传"多彩贵州"品牌，展示"梵天净土·桃源铜仁"魅力的重要平台和窗口。

　　环梵净山国际公路自行车赛已连续举办九届，相继在沿河、思南、江口等旅游地举办过赛事，凭借当地良好的自然生态环境，独特的景观以及浓郁的民族风情，不仅受到了海内外自行车运动员的广泛关注，也对当地的经济和旅游发展起到良好的促进作用。

贵州省山地户外运动管理中心／供图

NO.4
环中国国际公路自行车赛·安顺赛段

提到安顺，人们更多的是将它与黄果树风景区联系在一起。

近年来，随着"骑车去明朝"的赛事主题口号传播，安顺那神秘独特、具有六百年历史的屯堡文化魅力绽放出更加绚丽的光彩，这是环中国国际公路自行车赛连续三年在安顺举办后取得的一个巨大推广效应。"体育+旅游+文化"，就像化学元素发生碰撞，产生奇特的效果。素有"中国瀑乡""屯堡文化之乡""蜡染之乡"之称的安顺市，凭借举办高端国际公路自行车赛事的契机，让这个城市焕发出无限的生机和活力。

2017年环中国·安顺赛段活动举办当天，128.5千米长的赛道把14个乡镇、28个旅游景点串联在一起，让车手们除了感受速度与激情外，在围绕茶园、湿地公园、旧州古镇等道路骑行时，也感受到安顺人民的热情，以及良好的自然生态环境、厚重的历史文化、独特的人文风情。

当天的赛事在央视直播中惊艳亮相，九十分钟的直播，带来强烈的视觉冲击，骑行赛道如同一条彩带，仿佛屯堡600年的历史时光在此蜿蜒流淌，充分展示了安顺市西秀区在体育、产业、美食、古镇、民宿、旅游方面的新形象。

环中国赛赛事自2010年创办以来，由中国自行车车队和世界顶级车队联合参赛，旨在传播体育与文化、倡导绿色健康生活，到2019年，已连续举办9届，历经12个省（市）共61个城市承办，已成为继环法、环西、环意三大环赛后最大规模、最具影响力、辐射范围最广的高端国际公路自行车赛，目前该赛事已经三次牵手安顺市西秀区。

黄守进／供图

NO.5
百里杜鹃全国山地自行车冠军赛

　　百里杜鹃是国家4A级风景名胜区，拥有世界最大的杜鹃花林带，被誉为"地球彩带、世界花园"。近年来，百里杜鹃管理区坚持"体旅融合"发展思路，加快推进体育旅游示范区创建工作，建设了约20亩的山地自行车户外健身基地，其中自行车比赛赛道6千米。通过政府提供保障服务，社会化参与的方式，积极申办国际性、区域性各类赛事活动，搭建起将文化、体育和旅游巧妙融合的赛事平台，不断彰显百里杜鹃地域特色，激活"体旅融合"发展潜力。由于具备得天独厚的旅游资源，赛事内容丰富，已经有五届全国山地自行车邀请赛在这里举办，吸引了广大的自行车爱好者和户外运动爱好者的目光。

　　如今低碳又环保的自行车运动已成为一种风尚，建设健身休闲基地，符合百里杜鹃建设生态环境和文明旅游景区的战略定位，引入国内成熟自行车运动赛事作为载体，让世界各国自行车运动员汇聚百里杜鹃，运动员们在这里不仅要挑战接近2000米海拔高度的高山骑行，还能感受到这里独具特色的生态环境，自然的原始森林、湖泊风光、杜鹃花海带来的震撼以及浓郁的彝族风情。

　　把赛事融于独特秀美的旅游风景区内，使百里杜鹃旅游品牌形象和山地运动品牌知名度都得到进一步的巩固和提升，景区的旅游资源得到最大化发挥，促进了地方经济的发展。

百里杜鹃文广局／供图

NO.6
环万峰林自行车赛

万峰林，气势磅礴，景观奇特，是国内最大、最典型的喀斯特峰林。

万峰林天生的地貌与气候环境，决定了这里是一个户外运动的绝佳之地，尤其是在春天，万亩油菜花开的时节，骑行在万峰林景区，感受到人与自然和谐相处的美好，内心无比欢畅。

借助这种得天独厚的旅游资源，兴义市万峰林旅游集团从2017年开始打造的黔西南业余自行车赛事品牌，旨在向世界推介"户外胜地、百花兴义"，加强"体育与旅游、文化相结合"，促进兴义全市旅游的建设，扩大兴义市美丽乡村和旅游文化品牌的知名度和影响力。

利用景区内优异的自行车比赛资源，合理规划赛事路线，让赛道途径万峰林观峰道、万佛寺、上纳灰、下纳灰等优美景点，让参赛的运动员们在赛道上竞相追逐的时候，感受到万峰林户外景色带来的内心愉悦。

借助这样的赛事，吸引国内外更多的自行车运动爱好者聚集这里，扩大万峰林景区在国内外的影响力，最终把兴义市打造成山地旅游和户外运动相融合的示范点。

田俊/供图

张华／摄

下篇

◆ 醉美贵州景 · 路书伴你行 ◆

第四章

"醉美贵州"之
推荐骑行线路

李南/供图

为促进体育产业与旅游产业融合发展，满足人民群众不断增长的户外运动需求，2020年国庆前夕，贵州省体育局、贵州省文化和旅游厅联合发布了包括山地特色、骑行、徒步、自驾、户外拓展、露营、登山、温泉漂流康养八大主题在内的，62条"2020年贵州省体育旅游精品线路"。

　　这可是继赤水河谷之后，官方第一次精准推荐哟，赶紧来打卡吧。

赤水河谷骑行

虽然赤水河谷并不在上述62条精品线路之列，但是，作为全国第一条河谷旅游公路，第一条服务完善的快慢综合交通旅游廊道，赤水河谷绝对是"醉美贵州"首屈一指的骑行目的地。

简言之，骑行贵州，赤水河谷算是必经之地。

赤水河，因河流含沙量高、水色赤黄而得名，发源于云南镇雄县，东流经川、滇、黔三省交界处，最后经贵州省赤水市至四川省合江县入长江，全长523千米，流域面积2.04万平方千米。赤水河四分之三流域在大山中，是全国唯一一条没有在上游修建坝的长江支流。

刘啸／供图

赤水河不仅风光绮丽，河流蜿蜒曲折，将境内世界自然文化遗产旅游地、中国山水康养旅游胜地、中国红色文化精神圣地、中国国酒文化旅游区、中国民族文化传承发展区等自然文化景观景点串联起来，沿线散布着国酒茅台古镇、千年古镇土城、四渡赤水遗址、赤水大瀑布、佛光岩丹霞景区等自然优质旅游景观资源。

2015年，遵义市委市政府为贯彻落实将赤水河发展为"四河四带"（四河："生态河""美景河""美酒河""英雄河"；四带："美丽乡村带""特色产业带""绿色城镇带""生态文化带"）的战略部署，决定以建设赤水河谷旅游公路及景区项目为契机，以树立低碳环保、绿色交通的理念，结合区域风景、文化、民俗、饮食等资源，将赤水河谷沿线打造为休闲、度假、体验式的旅游目的地，发展全域旅游，以带动区域经济、文化、产业等全方位协调发展。

赤水河谷旅游公路项目起于国酒之乡仁怀市茅台镇，途经习水县，止于赤水市区，分为机动车道主线（快行）和自行车道副线（慢行）系统两部分，全长160千米（约100英里）。

其中，旅游公路仁怀段，有美酒飘香，盐运文化；习水段，有喀斯特地貌，红色文化；赤水段，有竹海碧水，丹霞幽瀑。

健身步道、自行车道、旅游公路的构建，实现休闲度假中观景、运动两不误，满足都市人群回归自然，寻找慢节奏生活的新需求。

沿线共设置了茅台、二合、合马等12处驿站，2处房车露营地（张家湾和土城房车露营地）及若干个休憩点和观景台。

建成的自行车慢行道彩色的沥青路面平整而富有弹性，机动车主干道的标志线舒展而流畅。道路两侧的田野、五彩的山林、大片的绿地，像移动的画卷徐徐展开，美不胜收。赤水河谷旅游公路把茅台、土城、丙安等历史文化名镇与中国侏罗纪公园、赤水大瀑布、佛光岩、燕子岩风景区等旅游资源整合串联，构筑起了一条丰富的景观长廊。

赤水河谷旅游公路以建设全国第一条真正的旅游公路、第一个完善的旅游公路系统、第一处服务完善的快慢综合交通廊道为亮点。项目规划的主题为：醉中红、奇中红、绿中红。

醉中红："国酒之乡"的茅台至两河口以酿酒工业为主要产业，该段主要展现酿酒过程的演进及诗酒文化。

奇中红：两河口至元厚段，主要展现"红色文化"，以红军露营地为主要代表，红军露营地建设以"红色文化"为主题，设立长征文化墙，打造"重走长征路"体验路段，该路段还将周边现有的盐运古迹（如岔角煤矿）、红色印迹、酿酒工业、农业文化融入，形成一段独特的红色文化之路。

赤水市文体旅游局／供图

绿中红：元厚至赤水段以绿色生态为主要特色，该段竹林茂密、植被覆盖率高，是一个休闲养生胜地，具有世界自然遗产丹霞地貌。该路段与赤水大瀑布、丙安、四洞沟等多条旅游公路支线相衔接，确保旅游通畅。

沿线绿化呈现三季有花、四季常绿、高低搭配、错落有致的景致，最常见的植物包括：三角梅、刺桐、银杏、小叶蓉、黄桷树等。

该路段还有一处知名景点——猴子石：因石头形如猴子的脸而得名。

赤水河谷旅游公路猴子石段位于赤水市境内，全长3千米，是全线施工最复杂的路段。该段慢行线位于悬崖峭壁，主线与赤水河谷高差约90米，慢线与主线水平距离差约40米，被誉为全路段最靓丽的风景段。

赤水河谷沿线设置的12处驿站，兼具餐饮、住宿、旅游咨询、自行车租赁、卫生应急、管理办公等功能，均承载着当地特色文化。

如今，骑行在赤水河谷旅游公路，国酒文化、历史红色文化、丹霞幽瀑、航运风情等将随着路的延伸带给游客不同

赤水市文体旅游局／供图

的体验。

　　骑行在赤水河谷旅游公路不仅可以体验路、景，还能体验产业。

　　房车露营地、打造土城A区精品酒店、开设低空飞行、VR娱乐、组织自行车赛事等，赤水河谷旅游公路渐已形成一个完整的旅游公路产业链。

赤水市文体旅游局/供图

贵安新区山水田园骑行

骑行线路

天河潭景区—月亮湖—云漫湖（瑞士小镇）—平寨村（六月六风情街）—红枫湖平坝万亩樱花园—旧州古镇。

线路全长

约80千米，其中，红枫湖平坝万亩樱花园—旧州古镇段为本线路最长段，行程4千米左右。

行程亮点

天河潭景区，是贵阳知名景点，有山有水有树有花还有洞穴，是一个玩法多、景色多、趣味多的目的地；月亮湖、云漫湖、平寨村，都隶属于贵安新区地段，自然风光宜人；每年花期，万亩樱花园樱花怒放，粉红色的花海是不可错过的醉人景色。

景点简介

天河潭旅游度假区位于贵州省贵阳市花溪区石板镇，是以典型喀斯特自然风光为主、历史名人隐士文化为辅的风景名胜区，距贵阳市中心24千米，距花溪13千米，总面积为15平方千米。

度假区风光融山、水、洞、潭、瀑布、天生桥、峡谷为一体。山中有洞，洞中有水，洞行山空，空山闻水声，碧潭衍飞瀑，纵横密布，形态各异。有贵州山水浓缩盆景的美称，被谷牧誉为"黔中一绝"。

经过升级改造后，天河潭现增游客服务中心、太阳广场、贵阳故事街、滨水休闲区、五色花海、户外婚庆草坪等区域，并配套文化娱乐、餐饮购物、休闲度假、商务会议、民俗体验、户外婚礼等多元化服务。全新打造的水秀景观，将现代科技元素与水文化相结合，呈现出"白天一景、晚上一秀"的美景。

刘先诚／供图

曾瑶／供图

刘先诚／供图

开阳十里画廊骑行精品线路

骑行线路

王车村—水头寨—马头寨—云山茶海—香火岩景区—南江坪寨—凤凰寨—南江大峡谷。

线路全长

约65千米，其中最远段为水头寨—马头寨，线路长18千米左右。

行程亮点

清风徐来，等你入怀! 十里画廊，山水美画卷，一定不虚此行。

景点简介

开阳"十里画廊"乡村旅游区毗邻贵开高等级公路，在这里可以体验"住农家屋、吃农家饭、干农家活、享农家乐"的田园风情，还可以感受水东土司文化以及布依族、苗族村寨的少数民族文化。"旧林故渊"（凤凰寨）"古风河韵"（河湾平寨）"廊桥遗梦"（万寿古桥）"玉水金盆"（底窝八寨田园风光）"土司古寨"（马头古寨）"云山茶海"（百花富硒有机茶园）"水调歌头"（水头布依寨）"书香门第"（王车书法村）等民风淳朴、依山傍水的自然村寨，是"十里画廊"知名的八景，让清龙河流域获得了"十里美画廊，片片黄金甲"的美誉。

刘先诚 / 供图

线路四 | 阳光草海骑行

骑行线路

威宁县草海—草海北岸万寿菊观光带—百草坪天然草原—板底古彝族风情寨—板底万亩荞花—西凉山。

线路全长

约145千米。

行程亮点

观鸟，是草海一大特色，每年11月到次年4月，是观鸟的季节。此外，此行自然风光宜人，民族风情醉人，也是不可多得的骑行线路。

景点简介

草海是白水河的源头，位于贵州西部威宁高原面上，是一个受地质构造影响而形成的典型岩溶湖泊。由于成湖历史悠久，所处地理位置特殊，日照充分，水质清净，气候温凉，水热条件优越，因而生物资源十分丰富。"草海细鱼"驰名省内外。草海的鸟类数量大，种类多，各种鸟类有百余种，其中属于国家保护的第一、二类珍稀动物有黑颈鹤、白头鹤、白琵鹤、灰鹤等十一种之多。春末夏初，草海周围杜鹃花争奇斗艳，给草海增添了一幅绚丽多彩的画面，是国内外人士考察研究鸟类和旅游避暑的胜地。

万寿菊观光带，花海一片，是摄影、自拍的好场所；百草坪蒙古包，丰富的少数民族美食填满你的胃。如果有意，还可留下欣赏独特的夜景。彝家风情、万亩草原，风吹草低的宜人景象，在板底古彝族风情寨可尽收眼底。游览特色古彝寨，吃着彝族美食，喝着板底"特供"砸酒，再欣赏一出板底"撮泰吉"戏剧文化，体会彝族古文化的神秘风采。

李南/供图

推荐骑行线路 **317**

线路五 环梵净山骑行

骑行线路

碧江区（百花渡、天生桥）—江口县（云舍土家第一村、寨沙侗寨）—印江梵净山生态旅游区。

线路全长

约152千米。

线路亮点

民族村寨、原生态风光，足矣。

景点简介

梵净山环线曾被骑友誉为"360度无死角的美丽风景线，四时之景不同，骑行其乐亦无穷"，是骑行贵州无论如何都必须到访一次的经典线路。百花渡自然、生态美景，老少皆宜；铜仁天生桥大峡谷集神、奇、险、幽于一体，是人们旅游、探险、漂流、避暑的好去处；江口县太平镇云舍村，有"中国土家第一村"之美誉，因云雾常年缭绕，云舍村也被称为"神仙都眷恋的地方"。这里既有土家族筒子楼建筑的高宅深井，又有铜仁水乡的小桥流水诗意温婉。

寨沙侗寨，依山傍水，人杰地灵，近年来因几次全国"驴友"晚会，其知名度大增；西线印江，是红色的圣地。梵净山五分之三的面积在印江，在这里可以感悟历史，可以体验乡村野趣，还可以挑战漂流、玻璃栈道等带来的别样速度与激情。

铜仁市文体广电旅游局／供图

骑行线路

万佛寺停车场（起点）—翁本—吕烂—大水井—下朝—田湾—风边—甘子坪—沙林坳—杨柳坳—蚂蝗湾—冯家湾—胡家湾。

线路全长

约225.1千米。

线路亮点

这是一趟绝对的长途旅行，但是不同的风光也一定会让你大开眼界、不虚此行。

景点简介

"天下山峰何其多，唯有此处峰成林"，在著名地理学家、旅行家徐霞客的笔下，万峰林"丛立之峰，磅礴数千里，为西南奇胜"。在网友的游记中，万峰林，徒步、骑行都可，徒步在山上看风景，骑行看山峰，处处美景，确实如此。万峰林包括东、西峰林，景观各异，是国内最大、最典型的喀斯特峰林。整个景区内峰、龙、坑、缝、林、湖、泉、洞八景分布广泛。

据报道，2014年，始创于北京八达岭的中国自行车联赛将第二站落户兴义万峰林，比赛采用了北京奥运会、亚运会使用过的赛道设计和规则，吸引500余位选手参赛，争夺高达11万元的冠军奖金。

除了美景，万峰林的美食也是一绝。除了布依八大碗（猪脚炖金豆米、红烧肉炖豆腐果、炖猪皮、酥肉粉条、排骨炖萝卜、素南瓜、素豆腐、五色糯米饭）必吃之外，牛肉汤锅、羊肉米线，同样别错过。

田俊／供图

线路七　铜仁智慧赛道

线路全长
约43千米。

线路亮点
智慧体验、科技感。

景点简介

铜仁智慧马拉松赛道是全国首条综合性"智慧赛道"，该赛道既可跑步慢行，也可骑行。赛道起点位于碧江区八官溪河岸，沿途经过20多个村寨，终点位于江口县两河口河岸。该赛道全程封闭，全长43.5千米，沿锦江河铺设，连接铜仁市碧江区与江口县城，再往前延伸便是国际旅游胜地、国家5A级旅游景区梵净山。

赛道沿途设有可随时监测心率的智能心率柱，还有集急救站、洗手间、自助淋浴室为一体的智慧城市驿站，以及太阳能充电桩等多种智慧设备，可通过人脸识别记录成绩，让游客充分感受科技为运动带来的乐趣。

骑行线路

南泉山景区—萨玛公园—二望坡—中潮农业产业园龙形冲茶园—顺化瑶寨—六背山大风车—肇兴侗寨。

线路全长

约85.1千米。

线路亮点

民族风情、红色文化、自然风光。

景点简介

对于参加过2018黎平百里侗寨国际划骑跑铁人三项公开赛的选手来说，经历必是难忘的。沿途优美的自然景观、独具特色的侗族风情建筑，尽收眼底，其爽快自不在话下。同时，因赛道较长、海拔较高，赛后不少参赛者都接连表示："太有挑战性了！"

不过也不要因此望而却步，不挑战高山陡坡，黎平还有侗族文化值得探寻。黎平县是中国侗族人口最多的一个县，也是侗族文化的主要发祥地，因而有"侗乡之都"，还有"杉海粮仓油壶""侗族大歌之乡""鼓楼之乡"等称号。2018年2月，黎平县肇兴侗寨作为分会场亮相2018央视春晚，惊艳世界。

据了解，百里侗寨有两张世界级的名片，一张是稻鱼鸭农业文化遗产，一张是侗族大歌人类非物质文化遗产。另外，其中的黄岗侗寨、四寨侗寨、铜关侗寨、滚政侗寨4个侗寨分别为国家3A级景区。从堂安—水口天香谷—四寨—黄岗—岩洞村—铜关村—述洞村—地扪侗寨—高近村—青寨—蒲洞村的文化体验长廊，辐射沿线周边高寅、三龙、竹坪、寨高、乜洞、额洞、寨头、坝寨、路团、构洞等32个传统村落，是骑行走村入寨感受田园风光的最佳路线。

生态体育公园推荐

曾瑶／供图

如果你行程匆匆没有太多时间走远，但又想觅一处骑行一段，那么生态体育公园将会是一个不错的选择。

近年来，随着居民生活水平的提高，以及全民健身意识的加强，体育设施建设蓬勃发展，体育消费日趋活跃，体育市场日渐繁荣，特别是2014年《国务院关于加快发展体育产业促进体育消费的若干意见》颁布后，体育产业发展更是迎来了加速发展的黄金期。

为此，贵州从客观实际出发，根据自身的资源禀赋，"以山地户外运动产业为重点，以生态体育公园或体育园区建设为抓手"，通过资源整合、规划引领，着力推动山地户外体育旅游休闲基地、登山健身步道建设，走出了一条以健康运动产业为龙头，以山地户外运动、体育旅游休闲为支撑的山地民族特色大省强省的发展新路子。

这些从无到有的生态体育公园，使得作为"山地户外运动天堂"的贵州，在"靠山吃山，靠水吃水"方面有了新的探索和呈现。

这些集绿色生态、休闲游憩、全民健身、民俗传承、应急避难、综合配套服务等功能为一体的生态体育公园，让体育在山水间奏响了协奏曲，有效促进了全民健身事业的发展。

贵州生态体育公园一览

（统计截至 2020 年 9 月）

所在地	生态体育公园名称
贵阳贵安	双龙生态体育公园 南明区阿哈湖生态体育公园 贵阳市观山湖生态体育公园 白云区泉湖生态体育公园 息烽县南山驿站生态体育公园 贵山山体生态体育公园 贵阳登高云山生态体育公园 乌当区枫叶谷旅游度假区生态体育公园 修文县苏格兰生态体育公园 贵阳清镇体育文化公园 高新区太阳湖滨河生态体育公园 贵安新区云漫湖生态体育公园 花溪区骏驰汽车运动生态体育公园
遵　义	播州区花香龙泉生态体育公园播州生态体育公园 南岭生态体育公园 湄潭翠芽 27℃生态体育公园莲花山生态体育公园 绥阳县卧龙湖生态体育公园正安县生态体育公园 道真县白滩生态体育公园 遵义凤凰山国家生态体育公园余庆松烟自行车生态体育公园 习水县箐山森林公园 赤水市生态体育公园 桐梓县东山生态体育公园 凤冈县生态体育公园
六盘水	盘县乌蒙大草原生态体育（国家）公园 水城野玉海生态体育公园 钟山区梅花山生态体育公园 六枝特区生态体育公园 钟山区月照生态体育公园 明湖生态体育公园 盘州市九头山生态体育公园

所在地	生态体育公园名称
安顺	安顺开发区宋旗镇三合生态体育公园
	西秀区九龙山生态体育公园
	平坝区生态体育公园
	紫云格凸河生态体育公园
	普定秀水生态体育公园
	关岭自治县永宁生态体育公园
	镇宁县白马湖生态体育公园
毕节	百里杜鹃生态体育公园
	大方县油杉河景区生态体育公园
	威宁自治县环草海生态体育公园
	赫章县青山生态体育公园
	七星关区拱拢坪生态体育公园
	织金县桂花生态体育公园
铜仁	铜仁市碧江区文笔峰生态体育公园
	玉屏茶花泉生态体育公园
	石阡县佛顶山生态体育公园
	思南县兽王山生态体育公园
	印江县大圣墩体育公园
	万山区木杉河生态体育公园
	铜仁梵净山生态体育（国家）公园
	沿河县黄金山体生态体育公园
	德江县大犀山生态体育公园

所在地	生态体育公园名称
黔南州	都匀市南沙洲生态体育公园 荔波月亮湖生态体育公园 平塘县天文小镇生态体育公园 贵定县云雾湖体育公园 贵定县瓮城河生态体育公园 惠水县好花红生态体育公园 独山翠泉生态体育公园 福泉双谷生态体育公园 都匀经济开发区匀东生态体育公园 罗甸县国家生态体育园 龙里中铁生态体育公园 龙里县莲花湿地生态体育公园
黔西南州	兴义万峰林生态体育公园 贞丰三岔河（双乳峰、竹林堡）生态体育公园 安龙县笃山镇生态体育公园 兴仁放马坪生态体育公园 义龙新区云屯国际生态体育公园 望谟县天马山生态体育公园 册亨县秧箐万重山生态体育公园 晴隆二十四道拐生态体育公园 普安县生态体育公园
黔东南州	黔东南州苹果山生态体育公园 丹寨县龙泉山生态体育公园 榕江县滨河生态体育公园 从江县生态体育公园 剑河县江北生态体育公园 岑巩县生态体育公园 麻江马鞍山生态体育公园 施秉生态体育（国家）公园 凯里小高山山地生态体育公园 黎平南泉山生态体育公园

部分
生态体育公园
简介

1. 双龙生态体育公园　毗邻贵阳龙洞堡国际机场，作为贵阳市政府重点建设项目，有着得天独厚的自然环境和地理优势，是环境优越的以自然生态为基础的综合类公共体育公园，包括1座室内的综合运动场馆、1片11人制兼跑道的足球场、4片五人制足球场、2片室外网球场、6片室外篮球场，以及1座游泳馆和培训中心等。生态体育中心（公园）三面环路交通便利，环境舒适优雅，公园园区绿化率达60%。同营盘山山体公园、东方科幻谷主题公园、中央生态公园顾盼呼应，与砂之船（贵阳）奥特莱斯综合体、多彩贵州城形成互动商业圈。

2. 贵阳市观山湖生态体育公园　公园位于贵阳市观山湖区观山大桥南北两侧，距贵阳市中心区12千米，面积约3.73平方千米，是典型的城市型生态体育公园。公园包括观山湖北湖和南湖（原金华湖），内有迷人的湖光山色和品种丰富的动植物资源，建有专门的健身步道、门球场、集会广场、休闲垂钓区、体育运动区（多功能馆内设游泳馆、网球场、足球场、篮球场、极限运动区、亲子互动区）、文化活动区、服务配套区等。公园的建成，对于观山湖区补齐体育短板、突出体育与旅游、体育与休闲相结合具有重要的战略意义，是贵阳近郊一处环境极佳的休闲健身之所，也是春季赏花踏青的好去处。

3. 息烽县南山驿站生态体育公园　息烽南山驿站公园地处永靖镇黎安村和坪上村，距贵阳市50余千米，距息烽县城14千米。作为贵阳市市级示范性公园之一，南山驿站公园具有得天独厚的生态优势，以及浓郁的驿站文化、红色文化底蕴。以公园为起点的息烽南山山脉面积80平方千米，境内有3万多亩原始丛林。公园核心区海拔于1284.3～1458.53米之间，森林覆盖率高达57.89%，是名副其实的"森林氧吧"。

4. 贵阳清镇体育文化公园　清镇市体育文化公园也是贵阳市级示范性公园，位于清镇市石关村与黑泥哨村之间的金马大道东侧，自然风光好。

5. 高新区太阳湖滨河生态体育公园　太阳湖滨河公园位于贵阳国家高新区，东起麦架河青山路，西至麦架河青龙路，沿河打造金甲广场、古树新韵、布谷报春、月亮湾、希望群升、呼叫山庄、白虎公园、青龙池八大景观。

该项目与大数据创客公园项目组成高新区南北两组核心景观。其中，公园中的呼叫山庄项目由太阳湖、太阳阁、马厂营山体文化广场、呼叫基地、麻姑云堡五部分组成，主要以世纪恒通呼叫基地为依托，打造产业+科技+文化+生态为一体的城市综合体。公园最大的特色就在于8.3千米的景观水道和沿岸的高新大数据企业。周边有以世纪恒通呼叫中心为主要代表企业的现代科技公园区、以中航集团为代表的科学城以及大数据城。在为科学城配套生态休闲服务体验区的同时，也为生态示范性公园增加了科技元素，这就是公园最有代表性的特点。

6. 白云区泉湖生态体育公园　泉湖公园位于贵阳市白云区，总占地面积约1080亩，其中水域面积就有205亩，绿化面积达750亩，依托云山、孤山、空山、泉湖等人文自然景观，公园建有云楼、湖景、水景、湿地、污水处理、景观大道、公园林绿化等多个项目。2019年批准为国家4A级景区。

7. 贵阳登高云山生态体育公园　登高云山公园是2016年经贵州省林业厅和贵阳市人民政府批准实施、唯一由市级投入建设的市级示范公园，规划总面积135.8公顷。公园以"森林之城、休闲胜地"为总体定位，公园内规划为六个区，即山清气韵、梅樱报春、林幽巡迹、林海康乐、森林花海五大核心景区及森林保育区。建设登高云山森林公园弥补了贵阳东北区域没有大型公园的空白，可服务人群约10万人，是市民森林休闲、体育健身的理想去处。

8. 乌当区枫叶谷旅游度假区生态体育公园　枫叶谷旅游度假区位于贵阳市乌当区新堡乡，离贵阳市区仅36千米，距离有"天下第一庖汤"的王岗约700米，是贵州首个集休闲体验、生态观光、主题游乐、大型演艺、康体养生等多功能于一体的综合性山水休闲旅游度假区。春赏枫、夏戏水、秋观景、冬泡汤，是一个四季皆宜的休闲度假胜地。景区拥有省内首家大型水上乐园，大型单体项目11项（大黄蜂、大喇叭、太空盆、五彩滑梯、造浪池等），小型项目30余种。

9. 贵安新区云漫湖生态体育公园　说起贵安新区云漫湖国际休闲旅游度假区，在贵州可谓是无人不知无人不晓，这个美丽的地方如今已成为贵阳、安顺等地人们休闲旅游的好去处。它不仅仅是一个单纯的旅游景区，还是一个生态康养之地、亲子游乐文化基地，更是一个综合生态体育公园。公园内共有2000多种植物和包括白天鹅、黑天鹅在内的50余种动物，还有自行车道，人行步道等。2018年，"全景贵州"女子国际公路自行车赛贵安站的赛事就有一段路设置在云漫湖，公园内良好的生态环境给各国选手留下了深刻的印象。

曾瑶 / 供图

10. 播州区花香龙泉生态体育公园　花香龙泉旅游观光公园位于播州区影山湖街道办事处龙泉社区，旅游景区景点有龙山迷宫、科普中心、水上乐公园、生态憩息餐饮区、银杏大道、花花世界、紫藤花廊、艺术长廊、花田喜事、采摘体验公园、农耕文化公园。

11. 莲花山生态体育公园　位于汇川区行政办公中心背后的红河东路，是一座山体公园，是汇川区最大的一块公共绿地，绿意盎然，植被茂密。

12. 绥阳县卧龙湖生态体育公园　位于贵州省遵义市绥阳县郑场镇卧龙村，拥有被贵州省体育局授予水上运动训练基地、生态体育公园的卧龙湖水上运动中心，是集"水上运动、康体养生、体验旅游、休闲观光、文化展示"为一体的文体旅融合示范区。

13. 遵义凤凰山国家生态体育公园　凤凰山国家森林公园，位于贵州省遵义市市中心的湘江河畔，分为地处红花岗区的凤凰山核心景区和地处海龙镇的海龙湖景区大龙山、老鸦山、四大景区，包括小龙山、凤凰山、金狮山等山峰，最高主峰凤凰山海拔1057米，最低海拔810米，相对高差247米。凤凰山国家森林公园，被誉为"遵义人民的一颗绿色明珠"。

14. 习水县箐山森林公园　公园位于习水县城西北郊，属城郊型森林公园，森林公园与县城海拔相对高差达192.6米，夏季清凉，平均气温比县城平均气温低4℃～5℃。公园南门距习水县老县城仅300米，距习水县委、县政府仅50米，区位条件优越。

15. 赤水市生态文化体育公园　公园总占地2534亩，总投资15亿元，建设内容包括甲级体育馆、甲级游泳馆、全民健身中心、网球半决赛场地、图书馆、配套体育产业用房、博物馆、接待中心、地下车库及设备用房、大剧院、体育场等各种场地。

16. 桐梓县东山生态体育公园　公园位于桐梓县东侧，整个公园分城市健步区、儿童活动区、山地自行车及马拉松赛区、文化休闲活动区及山体生态活动区五个片区。公园形成了体育与旅游、文化、扶贫、开发等工作良性互动、相互促进的局面。

17. 凤冈县生态体育公园　公园位于凤冈县东侧，靠近城北东路，临近龙潭河，公园以"凤舞龙跃、活力绿冈"为主题，以"一环一带四区多景"的景观结构，将现代体育运动、民俗体育运动与自然环境相融合，突出生态山体、自然休闲的特点，是一座全民参与、健身康体的体育公园。

18. 盘县乌蒙大草原生态体育（国家）公园　盘县乌蒙大草原位于四格与坪地两个彝族乡境内，海拔2000～2857米，是贵州面积最大、海拔最高的天然草场，风景区拥有10万亩草场、有4万亩高原矮杜鹃林、有高原湖泊天池、牛棚梁子大山、天生桥峡谷、龙潭瀑布，还有罕见的自然景观——草原佛光，四季皆美，处处皆景。乌蒙山大草原以打造中国首例、贵州首家"生态体育国家公园"为倡导理念，开启科学理性的生态发展新里程，创新文化性、创新旅游性的休闲体育，让盘县十万亩乌蒙大草原从此进入新的发展阶段。

19. 钟山区梅花山生态体育公园　梅花山景区作为支撑六盘水国际标准旅游休闲度假城市的大型项目，汇聚了文化精华，梅花山国际生态休闲度假区涵盖水城县前进村、纸厂村及钟山区龙贵地村、高炉村、双戛乡、凉都森林公园、明湖国家湿地公园、窑上水库、龙贵地水库和梅花山。以全国最佳避暑度假、中国南方滑雪、新型国民休闲、特色乡村旅游、保健养生与老年度假、亚高原户外运动、民族文化体验为旅游主题。

20. 明湖生态体育公园　公园位于六盘水市中心城区西部，是六盘水中心城区的重要生态屏障，是乌江上游重要支流水城河的源头。设有定向越野、帐篷露营、山地自行车、山地越野运动、游泳、户外徒步、羽毛球、网球、垂钓等项目。

贵州省 108 车队／供图

21. 西秀区九龙山生态体育公园　九龙山森林公园既是安顺西秀区"绿肺"，也是国家4A级旅游风景区。位于安顺市以南20千米处，距国家5A级风景区黄果树、龙宫分别为57千米、28千米，总面积125平方千米，森林面积64000余亩。由九龙山景区、天落湾景区、云山屯景区和海子景区组成。景区内地形地貌独特，九座山峰如龙头昂首啸吟。景区内有天落湾石林、九龙湖、山京海子，明洪武年间建造的海神庙，屯堡文化村落等自然和人文景观。

22. 普定秀水生态体育公园　公园位于安顺市普定县穿洞街道秀水村，面积约9.33平方千米，是"省级100个旅游景区建设项目"之一。距安顺市约20千米，距黄果树、龙宫两个国家5A级景区约50千米，交通便捷、区位优势明显。公园围绕"坚持科学规划、坚持人文观念、坚持体旅融合、坚持体育扶贫"的发展理念，建设了秀水步行街、秀水湖环湖健身步道、桂花公园特色餐厅、观光大道、二十四滩露营基地、CS模拟训练基地、水上乐园、钓鱼池、卡丁车场、山地越野赛车场、赛马场、河道漂流等项目。

23. 关岭自治县永宁生态体育公园　公园位于关岭自治县永宁镇，与320国道为邻，距离关岭县城约20千米，距黄果树风景区32.4千米。配套建设有射击场、房车露营基地、马术训练场、徒步登山道、山地自行车道等功能齐全的山地户外运动标准场地。

24. 镇宁县白马湖生态体育公园　公园位于镇宁县西南面，距县城3.8千米。公园生态环境良好，依托森林与湖泊为主体构成幽美独特的自然风光。设有自行车道、游泳池、室外综合训练基地、游客集散场地、民族体育文化演艺广场等配套设施。

玉屏侗族自治县自行车运动协会／供图

25. 百里杜鹃生态体育公园　公园位于享有"地球彩带、杜鹃王国、养身福地、清凉世界"之美誉的毕节市百里杜鹃风景名胜区内，年平均气温11.8℃，夏季平均气温19℃，海拔1200～1800米，紫外线强度低，空气负氧离子平均含量每立方厘米两万多个，森林覆盖率达70%。公园包含奢香军营和彝山花谷，面积约2万余亩，是以山地露营运动、水西彝族文化为背景建设的国际性高原运动基地和露营区，是养生观花、休闲度假、户外运动的好去处。

26. 大方县油杉河景区生态体育公园　公园位于大方县油杉河景区内，地处川、滇、黔的接合部，和著名的百里杜鹃林带一山之隔，地跨大方县雨冲、星宿两个乡，交通十分便利。

27. 七星关区拱拢坪生态体育公园　拱拢坪国家森林公园，为国家4A级景区，位于贵州毕节市七星关区西南326国道边上，距毕节城区41千米，景区面积1718公顷，森林覆盖率95%以上，林海壮阔，森林类型多样，景观绚丽多彩，属景观复合型森林公园，素有"避暑胜地、森林氧吧"之美誉。景区内岩溶地貌发育较好，被誉为天然喀斯特地貌博物馆，是旅游、观光、休闲、避暑、度假和疗养保健的最佳场所。

28. 威宁自治县环草海生态体育公园　公园位于国家级自然保护区草海北岸，享有"高原明珠、养生福地、避暑天堂"之美誉，"春看花、夏避暑、秋运动、冬观鸟"是公园建设的主要主题。

29. 石阡县佛顶山生态体育公园　佛顶山是贵州东部仅次于梵净山的第二大高山，位于石阡县西南。与梵净山相同，历史上曾是黔东佛教圣地，且佛顶山自然保护区也是除梵净山国家级自然保护区以外，保存较好的中亚热带常绿阔叶林区。2014年12月19日，国家级自然保护区评审会在北京落下帷幕，经过30位专家投票表决，贵州省佛顶山晋升为国家级自然保护区。

30. 印江县大圣墩体育公园　大圣墩旅游景区位于印江城西北部，总面积约10平方千米，主体景观由大圣墩核心区、体育公园、农业公园、印江组成。2015年，被省旅发委确定为全省100

玉屏侗族自治县自行车运动协会／供图

个重点旅游景区之一、省级旅游度假区创建试点单位。大圣墩形体，远望像"睡美人"，近望如屏，故又名"玉屏山"，山高海拔1387.6米，距县城6千米。山上景点多，有天仙桥、望风亭、"一线天"、"望夫石"、观音阁等独特景观，有秦时的"烽火台"、清代"西卡"等人文遗迹。山上入冬积雪，初夏始消，故"圣墩积雪"为印江八景之一。自宋代以来，大圣墩被称为黔东北第二名山。

31. 万山区木杉河生态体育公园 铜仁着力打造的城市会客厅和生态走廊，内设鲜花景观区、公园广场、音乐喷泉、滨水休闲区、自行车道等。为市民和游客提供亲水、休闲、健身、科普教育场所。打造以樱花水岸，彩叶碧湖为特色，集文化底蕴与生态保护于一体的城市滨水公园。

玉屏侗族自治县自行车运动协会／供图

32. 铜仁梵净山生态体育（国家）公园　公园位于铜仁市江口、印江、松桃三县接合部，面积约567平方千米，围绕"梵天净土·桃源铜仁""弥勒道场"等文化品牌，依托梵净山丰富独特的生态资源、佛教文化、民族文化、红色文化，整合梵净山周边景区景点，建设了环梵净山公路自行车赛道、登山步道、环锦江马拉松赛道、露营基地、健身步道等为重点的体育慢行系统。大力发展丛林探险、山地越野挑战、滑翔、跳伞、狩猎漂流等项目，打造独具特色、世界知名的体旅高度融合的体育旅游精品线路和体育运动休闲养生目的地。

33. 沿河县黄金山体生态体育公园　公园位于沿河县团结街道，与白塔公园开发自然衔接，是该县十二届五次党代会提出的基础设施"三年大会战"的重点项目之一。集城市主题公园、健身步道、体育场（馆）、游泳馆、文化馆、旅游接待中心、土家古建筑群为一体。

34. 德江县大犀山生态体育公园　公园位于德江县城东部，这里空气清新、气候宜人、视野开阔，是修身养性的天然氧吧。山上资源丰富，有上百种花、树，上千种藤蔓植物，一年四季绿树成荫，时有珍稀动物出没，令人目不暇接。

35. 都匀市南沙洲生态体育公园　被誉为都匀"城市会客厅"的南沙洲绿地公园，公园内建设有民族舞台，民族广场，苗族、布依族和水族风情公园，并将福泉古城墙、平塘"三天"文化、惠水燕子洞、荔波大小七孔、独山翻天印等黔南州独有景点浓缩在内。逛完整个公园后，游客便能初步领略到黔南州独特的旅游景观和民族文化魅力。

石阡自行车运动协会／供图

36. 荔波月亮湖生态体育公园　公园位于朝阳镇八烂村，是依附樟江河两岸打造的集时尚度假区、风情商业区、河谷观光区、旅游地产区、欢乐主题区、动感水景区、山地别墅区、滨水住宅区于一体的旅游休闲综合体景点。

37. 平塘县天文小镇生态体育公园　该项目将绿地、青山与运动场所融为一体，在展现优美而内涵充实的自然景观的同时，以维护居民身心健康为出发点，使人与自然关系更加和谐。

38. 独山翠泉生态体育公园　公园位于黔南州独山县飞凤湖国际旅游度假区内，是独山县首家集生态体育、户外探险、休闲养生、观光娱乐为一体的综合性康体旅游度假区，面积约3.7万亩，距县城区约2.5千米。建设集游客服务中心、天然泉水游泳池、滑草场、高尔夫练习场、斗牛场、农家乐、儿童游乐中心、休闲长廊、红色旅游步道、森林探险、森林草甸、钓鱼池、健身馆、户外拓展训练基地、民族风情屋、步道等设施，是避暑纳凉、旅游观光、休闲娱乐、户外运动、参观少数民族表演的绝佳场所。先后获国家森林公园、中国体育旅游精品项目等称号。

39. 福泉双谷生态体育公园　公园位于贵州省黔南州福泉市，是国家3A级旅游景区。主要景点包括自行车休闲慢道、微型水景观、红枫林、花田谷地、自行车驿站及接待中心、柳岸引瀑微景观、梅公园点香、花海景观、梨公园春晓等，是游客养生、康体、探险、观光、休闲、度假的胜地。

石阡自行车运动协会／供图

40. 都匀经济开发区匀东生态体育公园　公园位于都匀市东侧，交通区位优势明显，夏蓉高速公路、贵广高速铁路、贵新高速公路、黔南大道穿其而过。公园集健身、旅游、购物、赛事、会议、食宿、休闲娱乐为一体。

41. 罗甸县国家生态体育公园　公园位于罗甸县红水河镇，与罗甸县高原千岛湖休闲度假公园区（红水河景区）联合打造，依托红水河水域、周边岛屿及坡地，以热带植物公园为核心，打造暖冬避寒、漂流体验、水上运动三大核心产品。

42. 龙里中铁生态体育公园　公园位于贵州双龙航空港经济区黔南核心板块，项目中心距贵阳市市区仅15千米，距贵阳龙洞堡国际机场仅6千米。公园内有高尔夫练习场、网球场、篮球场、山地自行车道、健身步道、户外马术训练基地等，是集生活化、生态化、旅游化为一体的生态体育公园。

43. 龙里县莲花湿地生态体育公园　龙里莲花湿地公园位于龙山镇，紧邻贵龙收费站出口，是结合龙里本土文化、原生态自然风貌和朵花河风光精心打造的集生态农业、休闲商业、人文民俗、观光体验、养生度假于一体的生态化全感式全域旅游核心区。湿地公园共分为四个片区，分别是莲花片区、湿地公园片区、新

石阡自行车运动协会／供图

场片区和余下片区。湿地公园内旅游项目众多，以朵花河为支点，带动龙架山、龙里大草原、猴子沟风景区、莲花洞等周边旅游区活力，成为黔中地区旅游度假、商务休闲的重要集散地。

44. 丹寨县龙泉山生态体育公园　公园位于丹寨县龙泉山一岔河省级风景名胜区内，距县城1.5千米。每天都有几百人在此徒步户外健身，每年上山健身及赏花人数达70余万人次。公园集休闲、旅游、观光、商务会展、运动健身、度假和娱乐为一体。

45. 麻江马鞍山生态体育公园　公园位于黔东南州麻江县城西部，面积约735亩，是典型的城市型生态体育公园。公园依山傍水而建，建有乒乓球馆、羽毛球馆、标准篮球场、网球场、足球场、门球场、健身步道、游泳馆、四雅苑等系列健身休闲设施，有力推动了全民健身工作的开展，被国家体育总局肯定为"因地制宜、用活资源、智慧创新、全域推进"的麻江模式。

46. 施秉生态体育（国家）公园　施秉生态体育（国家）公园是我省打造的100个生态公园中的重要组成部分，是遴选确定的首批15个重点建设项目之一。按照"城市型＋郊野型"生态体育（国家）公园建设规划，包括县城河滨生态体育公园、云台山

石阡自行车运动协会／供图

生态体育公园、杉木河生态体育公园、何家坝高碑生态体育公园、牛大场长坳药业生态体育公园5大体育公园区。

47. 凯里小高山山地生态体育公园　凯里市小高山山地生态体育公园项目位于凯里城郊区中心部位，北邻凯麻高速，西北角为凯里苗侗风情公园，与金泉胡相对望，地块西面为四联村，主要建设有大型生态停车场以及各区域停车场、五环中心广场、极限游乐区、极限攀岩区、康体生态公园、自行车速降赛道区、游泳馆、篮球馆、羽毛球馆、综合体育馆、体育场等。

48. 黎平南泉山生态体育公园　黎平县南泉山生态体育公园以自行车运动主题为特色，以全面健身文化为内涵，让专业运动主题与大众休闲文化有机结合，建设集旅游观光、商务会展、游乐、参与、求知、休闲于一体，适应时代发展要求的地域化、民俗化、生态化、产业化的城市运动公园。

49. 兴义万峰林生态体育公园　兴义市万峰林生态体育公园景区位于贵州省兴义市东南部，景区内体育项目丰富多彩，其中的山地自行车骑游吸引了大批游客到此体验。园区内自行车道贯穿整个万峰林景区，沿途风景优美，道路平坦，设有多个自行车驿站，为骑行者提供全方位服务。按照国家创建体育旅游示范基地的标准和高质量发展要求，万峰林生态体育公园将进一步整合自身旅游资源，加大体育基础设施建设力度，拓展体育旅游融合新产业，丰富万峰林生态体育公园业态。

50. 贞丰三岔河（双乳峰、竹林堡）生态体育公园　贞丰地处云贵高原向广西低山丘陵过渡的斜坡地带，属于典型的喀斯特地区和亚热带季风湿润气候，素有"喀斯特公园县"的美誉。徒步、露营、垂钓、户外健身等现代山地运动常年吸引国内及欧美地区户外运动人士体验。三岔河生态体育公园，三面山峦环绕，绵延十数千米。附近有观赏"天下奇观"双乳峰的观峰亭、静雅奇秀的三岔湖、千姿百态的竹林堡石林和虎虎生威的群虎崖等形态各异的景观，使这里成为户外运动爱好者的"天堂"。

51. 兴仁放马坪生态体育公园　兴仁放马坪高山草原景区位于兴仁南面，具有"高原塞外"之称，景区风光旖旎，配套设施完备，游客可体验四轮越野摩托、极限滑草、传统射箭、骑马、民族秋千等20多种娱乐项目。其中，极限滑草、放风筝、骑马等项目成为热点，前来体验的人不少。

石阡自行车运动协会／供图

52. 义龙新区云屯国际生态体育公园　义龙新区云屯国际生态体育公园，是由贵州万峰（集团）实业有限公司着力打造的集"生态、休闲、运动、康养"为一体的综合服务型旅游胜地。公园以生态、休闲、运动、康养为理念，分版块、定区域地建设了花海、生态农场、亲子乐园、跑马场、射箭场、真人CS、飞跃丛林、主题民宿、野外露营等供游客体验的活动项目，目前真人CS、飞跃丛林、射箭场、野外露营及露天烧烤等项目已投入使用。

玉屏侗族自治县自行车运动协会 / 供图

53. 望谟县天马山生态体育公园 天马山生态公园是集城市功能修补、生态修复、山地健身、智慧城市和休闲娱乐等功能于一体的综合型城市山地公园。天马山生态休闲公园作为天马山休闲步道的"续篇",起于朏山支路,止于天马山休闲步道"马江观澜",全长1.35千米,采用彩色沥青混凝土路面,并设置了6米宽的无障碍步道。公园建成八大功能区,分别为导向广场、生态停车场、儿童游乐场、生态花溪谷、赤桥寻江、马江观澜、春台晓日、铁甲遗风。

54. 册亨县秧箐万重山生态体育公园 册亨秧箐万重山景区位于册亨县北部,距离县城17千米,海拔1395米。早晨可观太阳,傍晚可揽九天星斗。自然生态环境完好,气候温和,自然风光宜人,适合健康养生、避暑休闲、度假疗养和山地运动,是休闲、康养、度假、旅游的好去处。万重山层峦叠嶂,万峰汇聚,青山之后还是无尽的青山,山山相叠,山影成海。

55. 晴隆二十四道拐生态体育公园 贵州晴隆二十四道拐景区全称贵州晴隆史迪威二十四道拐遗址公园由二十四道拐公路、观景台、安南古城、美军加油站、马帮山寨、史迪威小镇等组成。其中二十四道拐公路是景区核心部分，雄奇险峻，是著名的史迪威公路的标志路段，全长4千米，宽6米，第一拐到第二十四拐直线距离350米，垂直高度250米，坡倾角60度。

李南／供图

第五章
"醉美贵州"之骑行攻略

第一节 出行装备篇

谭峰／供图

正所谓，工欲善其事必先利其器。一趟愉快且顺利的骑行，装备的齐全、优质至关重要。（以下内容主要为初上路的"小白"人士准备，资深骑士请自行绕道直接出发吧）。

骑行贵州，出行装备如何挑选？在此综合了多位专业人士的经验之谈，以供参考：

1.车的选择 现如今的骑行早就不局限于自行车一类，还包括骑摩托车、电动车。考虑到目前贵州骑行仍以自行车为主，所以本篇也以自行车出行为重点进行推荐。

自行车是骑行的核心构成部分，一辆好的自行车能让骑行事半功倍。如何选择自行车？首先要认识自行车。

适合贵州骑行的自行车主要为山地车，而公路车在某些路段会相对吃力和难以骑行。

从外形上区分，山地车至少有一个前叉减震系统，公路车没有；同时，山地车的轮组（车轮）

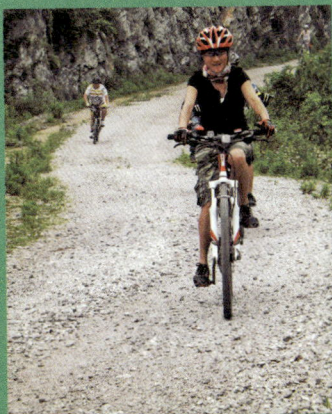
谭峰／供图

会更宽一些，公路车的轮组会更窄一些；车胎纹路对于地面的抓地性会有很大的区别。

重量来说，山地车会稍微重一点，公路车会更轻一点，也因为轻，所以公路车更适合轻装上路。

性能方面，山地车注重的是通过性、舒适性、操控性，所以山地车较公路车的弯把更易掌握（弯把的操控性及骑行姿势对身体柔韧性要求较高），又因为公路车重量很轻，且轮组更窄（即轮胎较细），吸震能力较差，前叉也没有减震，在颠簸路面上会使全车震动更大，因此只适合在较为平坦的路面骑行。

综上，对于初学者来说，更推荐选择山地自行车来开始骑行初体验。除了上手简易程度的考量，最关键还因为入门山地车会更容易让你爱上骑行这项运动。

注：山地自行车常见的有以下三个级别：登山越野车XC（适合大部分路面骑行），多功能越野车FR级（适合复杂的路面及山地骑行），下坡越野车DH级（适用于极其复杂条件的高强度山地骑行，当然由于车体自重导致爬坡比较吃力）。

2.贴身装备的选择　选择好适合自己的车后，接下来需要考虑的就是贴身装备。

第一要选择的是头盔。骑行安全是第一位，无论长短途还是平时出行，骑行途中头盔必须全程佩戴。

第二要选择骑行眼镜。艳阳天骑行的时候可以遮挡阳光，还可以阻挡尘沙、从天而降的小飞虫等。（选择摩托车的人记得需要再添置一个护颈。）

第三要选择骑行服。注意，时尚美观并非最关键，透气性好、快速排汗才是最重要的。如果想挑战夜骑，最好选择颜色鲜亮带有反光条的骑行服。为了帮助骑行过程中降低风阻，大部分骑行服都是紧身款，介意的请慎重考虑。此外，骑行服的上衣后面有三个口袋，可以在骑行时放一些随身小物品。

第四要选择骑行手套。骑行中，双手和车把接触时间过长会对手掌产生强大的压迫力，骑行手套可以帮助缓解这种压迫力。建议预备两双手套，平路且阴天时可用短指手套，方便拿东西且相对凉爽，天热或雨天时，还是建议用长指手套，避免手指被晒伤或被冻木失去知觉影响骑行安全。

第五要选择骑行锁鞋。因为锁鞋的鞋底会更硬，能更直接更高效地提高骑行能力，以及保证骑行中的安全。（城市骑行因为车辆行人等诸多不确定突发因素存在，因此不建议穿着锁鞋在市区骑行。）

第六要选择骑行护膝。下坡时膝盖容易受冷，天气转凉更需要保暖。可根据实际情况选择厚薄不同的护膝。

购买以上装备（包括车）还有一个原则，即适合自己。请充分考量自己的经济实力、骑行条件（线路长短、线路强度、自身能力状况等）做出适合自身骑行的恰当选择。

谭峰／供图

3.其他随身携带的装备

（1）骑行水壶：骑行中随时补充水分很必要，有保温功能的最好。

（2）货架（长途骑行）：所有的装备都需要固定在货架上，因此优先推荐坚固耐劳的钢制货架。不过在购买钢制货架前，请先搞清楚车架是否合适。

（3）驮包（长途骑行）：购买驮包性价比很重要，优先考虑其防水功能。打包时，可用防水袋各自分装后再统一打包。因此拥有一个较大容量的驮包是非常必要的。同时路上还可能会经历大雨，所以还要有良好的防水性。不嫌麻烦的话，可以在驮包外再加一层防雨罩。所以购买几个有较大容量且防水性好的驮包极为必要。

（4）码表：码表在骑行中的作用，一是记录行程，二是控制骑行速度。通过码表可以知道走了多少路，还剩多少距离。用途更为丰富的码表还能计算消耗的卡路里、心率、踏频等，可根据自身情况选择。

（5）手电：夜行必备。

（6）尾灯：同样是夜行必备。不同于手电，可悬挂衣服上、头盔上，甚至驮包上、货架上等。

（7）防晒防雨用具：贵州气候比较温暖湿润，为应对骑行途中变幻莫测的天气，防晒防雨用品装备必不可少。

（8）换洗衣物：结合季节、行程充分考虑。骑行裤、抓绒衣、速干衣裤、内衣裤、袜子、鞋、分体雨衣、冲锋衣等，建议多备一双涉水鞋，方便玩水。

（9）药品：可简单备一些治疗肠胃不适、感冒发烧、外伤的药，如诺氟沙星、藿香正气水、云南白药以及防水胶布等（贵州各县城药房也能买到）。如果进行长时间或长途山地骑行，防蚊虫毒蛇的药品建议准备一些。

（10）露营装备：贵州有不少露营基地和徒步圣地，如果是专门冲着露营而来的，可自备帐篷、睡袋、防潮垫（没有露营打算的可以省去），嫌麻烦的也可以抵达后再买（贵阳的奥特莱斯、迪卡侬可一站式购齐，并且贵阳各大户外用品门店也提供户外装备租赁服务）。

帐篷的选择同样要考虑防雨性能；睡袋有羽绒和棉质两种，羽绒相对轻一些，棉质相对重一些，可根据需求选购；防潮垫有铝膜和充气的，骑友也可根据实际需求选择。

（11）维修工具：骑行在路上难免出问题，修车工具少不了。建议带上备胎、打气筒、撬胎棒、补胎胶、组合工具、扳手（五号六角有的可备上）、润滑油，再带一些螺丝螺帽、刹车线、刹

谭峰／供图

车皮、变速线、辐条以备用。链条一般不会出什么问题，但如果旅途很长还是带一个截链器比较保险。

（12）充电宝、导航仪：贵州已实现行政村4G网络和光纤网络全覆盖，骑行贵州，全程无忧。

4.骑友推荐提高舒适度的装备

（1）骑行裤或硅胶坐垫（二选一），怕屁股疼的必备。

（2）防晒袖套：夏天必备。

（3）车前包：方便放一些零碎的东西，比如相机。

5. 邀请同道中人结伴而行

一个人的旅程虽然很精彩，但是如果能有人结伴而行也不失为美事一桩。分担行李自然不在话下，一路前行，你追我赶，彼此陪伴、守护、分享，收获的乐趣也会翻倍。

谭峰／供图

第二节　出发前准备

线路已规划，装备已齐全，是不是就可以直接出发了？NO！NO！NO！

出发前，还有一些准备工作要做，尤其是刚开始骑行的新人要特别注意：

1.自行车调整　骑行中的舒适度直接影响骑行的愉悦程度。所以在出发前，要调整好坐垫的高度，以及车把的高度、宽度。

2.学会跟车　如果是团队出行，出发前要熟悉骑行手势，知道遇到障碍物时怎么避让，以及减速、紧急刹车、路口拐弯等。同时要懂得维持速度、不要轻易超车，以及掌握不同风向时的骑行技巧。

3.掌握刹车　长途骑行难免遇到各种状况，熟练掌握各种刹车技巧很必要。比如，在拐弯减速（弯道提前减速绝不超车）用前刹，在直道减速用后刹，停车时用后刹减速，前刹停车。遇到紧急情况时，注意尽快将臀部后移，使重心向下，增加后轮和地面的摩擦，避免摔车。

以上技巧需要勤加练习，不妨加入一些专业的车队积累实战经验，或者请教资深人士，最好能跟着上路几次。

谭峰／供图

第三节 骑行技巧

自行车运动与其他任何运动强身健体的原理基本相同，可以增强心肺功能，防止高血压和血管硬化，是预防心脏功能毛病的最佳运动之一。最突出的优点是相较于跑步、爬山等其他运动，更加平和，易于坚持，适应的人群更加广泛。但是，它的不安全系数较高，产生运动性身体不适和疼痛，甚至疾病的可能性较大，疼痛的部位和种类也比其他运动多。所以，了解一些骑行常识，同时掌握一些基本的骑行技巧很有必要，不仅能使其发挥出最佳运动效果，还能带来完美的骑行体验。

谭峰／供图

一、骑自行车长途旅行的常识

1.不适合骑自行车长途旅行的人群（主要是指患有以下几种疾病的人）：

（1）患心脏病的人。这些人忌做任何剧烈运动，其中包括篮球、足球、乒乓球、羽毛球、跑步、爬山等，而骑自行车就属于剧烈运动的范围。这些人在剧烈运动的时候，会加重心脏的负担，并且发病非常突然，极易发生骑行事故。

（2）血压高的人。这些人在骑车的时候，特别是速度很高的情况下，有突发脑出血的危险。

（3）患癫痫病的人。这些人如果在骑车时突然发病会有很大的危险。

（4）做过脑部手术的人。这些人有发生癫痫病的潜在可能。

（5）患闭塞性脉管炎的人。这些人在长时间骑自行车的过程中会引起腿部（主要是小腿和足尖）的疼痛。如果出现了这种情况，步行都是很困难的。

（6）孕妇。由于身体不灵活，在骑行的过程中存在着极大的安全隐患。

2.骑行手语

在骑行的过程中，队友之间如果用语言进行联系，很难听清楚对方在说什么，或者根本听不见。所以学会使用骑行手语是很必要的，它可以在骑行的过程中加强队友之间的联系，也是提醒、警告、通知及相互联系的重要手段。

（1）地面有障碍物（石子、玻璃、坑等）。手向地面斜伸出。左手表示左边地面，右手表示右边地面。

（2）减速。手向上方高举数次。

（3）停车。手向上方高举不放。

（4）转弯。左臂向左水平伸出表示向左转弯，右臂向右伸出表示向右转弯。

（5）示意后车超过自己。小臂上举，前后晃动。

3.骑行安全守则

（1）遵守交规，不闯红灯，不逆行，不上快车道。

（2）不飙车，不过于靠近，前边的骑手要避免急刹车，下坡时不在弯道上超车，以免造成事故。

（3）队员离队要通知其他队员，并约定好等待的时间和地点。

（4）学会使用骑行手语，如遇前方有危险路况，尽量向后传达。

（5）避免走夜路，不得已走夜路时一定要有照明。

（6）照顾体力较差的队友和女队友。

龚家华／供图

4.骑行中的疼痛与不适

在骑自行车长途旅行的过程中，常会产生一些疼痛与不适，通过人和车的调整可以有效缓解，甚至避免这种情况的发生。

（1）跟腱：位于脚腕的后部，连接腓骨肌肉和脚后跟。这部位疼表明蹬踏动作有问题或是鞍座的高度不合适。可以改变脚的蹬踏位置和重新调整鞍座的高度解决。

（2）脚腕：上述情况也能使脚腕发生疼痛，也可能是平足所致，如果你是平足，可以采取在鞋里放一些整形垫的办法来解决，再一种可能就是曲柄或脚蹬轴弯曲而造成的了。

（3）背部：一般情况下都是由于骑行姿势不正确引起的。正确的骑行姿势应该是上体前倾，背部微微拱起，而不是向下塌陷或挺直。只有这样才会在道路颠簸时不给背部带来伤害。如果是向下塌陷的姿势，颠簸时会更塌陷，脊椎造成过度位伸而使背部感到疼痛，如果是挺直的姿势，颠簸时会使脊柱相互挤压而造成疼痛。

（4）脚部：脚部的不适通常由鞋和袜子引起。太软的鞋底会使脚部的压力过于集中，另外，过高的齿轮比迫使骑手用很大的力去蹬踏，也会引起脚部的疼痛。因此，最好选购一双鞋底较硬的骑行鞋，或者穿一双鞋底较园硬且合适的鞋，再穿一双合适舒服的袜子。

（5）手和手腕：长时间的骑行会使手指麻木。颠簸的路面也会使手掌和手腕受伤害。应该经常变换双手握把的位置，活动手和手腕。另外骑行时戴手套和护腕是很有好处的，建议安装大羊角副把（或称扒把），这样可以让手和手腕在骑行的过程中得到休息。

（6）膝盖：膝盖产生疼痛的原因主要有以下几个。用力过猛、齿轮比值过高、鞍座过低和蹬踏时两腿左右晃动。纠正了这几点症状就会缓解或消除。

（7）肩部：肩部感到不适大多是因为车把过低或过窄。在调整鞍座高度的时候应该同时调整把的高度。

二、骑行技巧

1.正确的骑行姿势：上体前倾，头部稍倾斜前伸，目视前方，两臂自然弯曲，双手轻而有力地握住车把，腰部弓曲，双脚做垂直的圆周蹬踏动作，避免两腿左右摇摆，将体重比较均匀的分配在臀部、两脚和双手上。

2.养成良好的蹬踏习惯。很多人习惯用脚心接触踏板，在长途骑行的过程中，这是一种很不好的习惯。正确的蹬踏方法应该是用前脚掌蹬踏。但是在长时间的骑行时，只用一种姿势极易引

龚家华／供图

起疲劳，腿和脚也是一样，所以要经常变换蹬踏的方式。自行车运动员采用的蹬踏方式主要有三种：自由式蹬踏法、脚尖朝下蹬踏法、脚跟朝下蹬踏法。其中应用最广的是自由式蹬踏法。这种蹬踏方法的要领是用前脚掌接触脚踏板，踝关节与小腿之间的角度随脚所在的位置不同而不同，力的方向与脚踏旋转时形成的圆周切线一致。它的优点是减小了膝关节和大腿的动作幅度，肌肉能得到相对的放松。

田俊 / 供图

3.上下坡的骑行技巧

（1）上坡：一般来说，短坡应采用加速利用惯性上冲的方法完成。而长坡或陡坡应变换不同的挡位，保持一定的蹬踏频率和力度骑行的方法。上坡的骑行技巧主要针对长坡和陡坡而言。上长陡坡时，骑手的重心应该前移，保持匀速蹬踏动作，适时变换挡位，不要停顿也不要突然用力，不要轻易下车。变换挡位的时机视坡度和速度而定。

掌握换挡时机的原则有两个，一是能够保持骑手均匀的蹬踏力度，二是较必须换挡的时机略提前一些，不要等到骑不动和速度完全降下来时才换挡，否则会完不成换挡的动作，被迫下车。坡度越陡挡位应该越低。另外前后车不要跟得太近，因为上坡时不可避免地会左右摇摆，容易发生事故。

（2）下坡：下坡时的安全系数非常低，所以下坡时的第一准则就是保证安全。为了能够保证绝对安全，首先应该将重心后移，并做到以下几点：

第一，在下坡之前仔细检查车辆，特别是刹车，使其保持灵敏可靠；

第二，将车速保持在骑手可控制的范围内；

第三，刹车时，以后闸为主，前后闸同时使用，但使用前闸的时机要滞后于后闸，避免单独使用前闸和急刹车；

第四，目视前方最少在30米以上，精力集中，不要东张西望，发现情况要提前减速，例如路面颜色有变化时就应引起注意；

第五，通过弯道时，身体与车应保持在一个平面上或称保持在一条直线上，人与车同时向弯内倾斜，用以克服离心力，倾斜的角度视速度和弯道的半径而定，但一般不超过28°，不在弯道上超车，最好在下坡时不超车；

第六，后车与前车应保持较大距离（不少于30米），以防前车影响视线，遇到突然情况来不及刹车而发生意外；

第七，如果坡道过长或太陡，应适时下车休息并检查车辆，下车时，尽量降低速度，身体后倾，保证停车时的身体平衡。

三、道路的等级与标识

　　道路的等级与标识：我国的公路目前可分为五个等级，最高级的是高速公路，全封闭全立交，有最低时速限制，达不到时速要求的汽车（包括摩托车）和非机动车不能在高速公路上行

田俊／供图

驶；其次是国道，由国家出资修建；再次是省道，由各省出资修建；还有县道，由所属县出资修建；最后是乡道，由乡镇出资修建。

　　国道和省道都有里程碑和百米桩，交通标志比较齐全，县道一般都有里程碑，百米桩就不一定都有了，交通标志不齐全，也不规矩，乡道这些设施一般都没有。

　　各级道路的里程碑都是白底，上边是道路的编号，下边的阿拉伯数字是里程，它们的区别是：国道的字是红色的，省道的字是蓝色的，县道的字是黑色的。

道路的编号是由一个字母和三位阿拉伯数字组成，国道的字母是G，省道的字母是S，县道的字母是X。

　　国道和省道编号的三位阿拉伯数字中第一位数代表方向，"1"是从北京出发的辐射线，千米数从北京向外数。"G112线"是一个特例，全线均在天津与河北省境内，是一条起点终点都在天津

的北京环线。

　　"2"是南北走向的纵线，千米数是从北向南数。"3"是东西走向的横线，千米数是从东向西数。省道编号中的第一位数没有"1"，只有"2"和"3"，县道的编号通常都是由起点和终点两个地名的第一个汉字组成路的名称。

田俊／供图

四、如何避让汽车

骑手在旅行的路上与汽车相遇是不可避免的，也是经常的。如何保证行车安全，避免交通事故，可以参考以下几点注意事项：

训练自己眼观六路耳听八方的能力，也就是说只用耳听不回头看就能判断出后方来的汽车的车型和大概距离，用目测能够比较准确地判断出对面驶来汽车的距离和速度。

在较窄的路面上，不要过早地靠边避让，让司机能够尽早发现自己，从而减速慢行，等临近时再行避让，这样可以从容地避免行车危险。当前后都有汽车驶来，将在自己附近会车时，应采取加速或减速的方法，避开会车点。

下坡时不要尾随汽车太近，以免汽车紧急刹车时发生危险。

服装（骑行服）的颜色最好是鲜艳一点的，如红色和黄色。便于汽车司机发现自己。

五、骑行贵州注意事项

1.贵州城市道路基本没有非机动车道，默认最右边一道。

陆正虎／供图

2.六七八月暴雨后，塌方滑坡等地质灾害较多，冬季易凝冻。

3.注意弯道！尤其是骑摩托车时。贵州山路多、弯道多，且弯道急，在进入弯道前提前减速，预留出足够的时间处理万一在弯道中出现的突发状况。

4.贵州属于高原地带，山高林密，如果平原地区一天可以骑行200千米，在贵州也就骑行100千米左右，所以出发前请做好路书。

5.夏天雨季露营要选择地势较高的地方，防止山洪和蛇虫等。

第五章
"醉美贵州"之骑行美文

刘啸／供图

说走就走的骑行之黔北第一关

（宋永霞）

娄山之行是我和朋友商量已久的日程。这天，两个"车技"还不太熟练的人迎着朝阳骑行在去往娄山关的路上。

在马鞍山分路处，我们偶遇了四个骑行的小朋友，在询问之下得知他们是一小的学生，趁着天气好骑行去娄山关，我们相约结伴而行，开始了一段特别的骑行之旅。

看见路边大片的油菜花，我们停车拍照留影，就像带着自己的弟弟出去旅游，没有丝毫的陌生感。

骑行进入娄山地界，最开始看见充满仪式感的娄山关大门，也是从县城进入娄山关的必经之路。

通过入口抬头一望，便是毛主席的《忆秦娥·娄山关》。

潇洒大气的字迹为娄山关增添了些许霸气。

晚清诗人郑珍的"山势西来万马奔，大娄一勒九旗屯。天随地入藤罗峡，人共云急虎豹门"可谓把娄山关姿态描写得淋漓尽致。

娄山关入口

下雪时的入口

红军战斗纪念碑

红军战斗纪念碑，令人肃然起敬。

大炮

小尖山战斗遗址

上山途中看见的大炮和雕塑，让人脑海中不时闪现电视剧中的战争情景。

长空桥

长空桥巍然挺立，成为娄山一景。桥上还有玩耍拍照的游人。

雪中的长空桥（近景）

　　回程时四个小朋友都骑得很快，我们开始了一场自行车骑行大赛。然而，不得不承认"长江后浪推前浪"，我怎么加快速度也追不上他们。

　　路过二中门口的时候，刚好赶上放学时间，我在人群中看见一个熟悉的背影即将走上公交车。我把车停了下来，看着这个背影消失在视线里，伴随着刺耳的喇叭声，公交车开走了，我却在原地伫立了好久。

　　当我还沉浸在回忆里时，朋友一个电话把我拉回了现实。她说她不小心摔了一跤，我顾不上回忆过去，马上掉头回去找她。我老远就看见一个女孩推着自行车缓缓从路边的泥沟里走出来，走近看见她鞋子弄脏了，但好在人没事。我们推着自行车，走在夕阳下，分享这次骑行的感受。

　　这次骑行不仅遇见了有趣的人和事，还领略了娄山关的风采，这么真切的感受以前不曾有过。

（文章插图皆由作者提供）

蓝天白云，晴空万里，让我想起沈从文的《湘行散记》：

"我行过许多地方的桥，看过许多次数的云，喝过许多种类的酒，却只爱过一个正当最好年龄的人。"

此刻，我想说的是，我行过许多地方的桥，看过许多次的云，却最爱桐梓娄山关的晴空万里。

黔东南骑游记

（镇远县自行车运动协会）

2020年1月9日，国家文化和旅游部官网公布了《文化和旅游部关于确定22家旅游景区为国家5A级旅游景区的公告》，正式确定22家旅游景区为国家5A级旅游景区，其中，贵州省黔东南州镇远古城旅游景区名列其中。

为宣传镇远古城成功创建国家5A级旅游景区；倡导低碳出行，绿色出行，文明出行，健康出行，增强广大人民群众体质。镇远县自行车运动协会决定组织会员开展一次"骑游黔东南"活动。

本活动从2020年4月开始筹备，制订了详细的活动方案。活动得到了镇远县文体广电旅游局的大力支持，同时也感谢贵州镇远农村商业银行股份有限公司、贵州东立水泥有限公司的大力赞助。

五月十六日第一站

2020年5月16日上午七点半，"骑游黔东南"活动启动仪式在大菜园广场举行。突如其来的倾盆大雨、电闪雷鸣，为活动带来了第一轮考验。

在启动仪式上有关部门领导及协会负责人为骑游黔东南的勇士们进行授旗仪式，在骑友们的陪伴和鼓励下勇士们踏上了征程。

当日的行径路线为：施秉—黄平—凯里。

在瓢泼的大雨中，勇士们冒雨负重前行，经过7小时7分钟的艰难行程，共计骑行了123.58千米，累计爬升1963米，于当天下午六点半安全顺利地到达预计目的地：凯里。

感谢广大会员和凯里骑友的捧场，同时感谢凯里美利达车店的杨总为我们接风洗尘。

五月十七日第二站

2020年5月17日上午七点半钟骑游黔东南第二天途经麻江到

丹寨，耗时4小时44分钟，骑行80.03千米、累计爬升1180米，今天的行程相对轻松，为下一步的艰难行程打下了良好的体能基础，感谢骑友杨规淼的全程陪同，在丹寨的卡拉巧遇会员车茜。

五月十八日第三站

2020年5月18日上午七点钟骑游黔东南第三天途经丹寨到雷山，耗时4小时33分钟，骑行72.5千米、累计爬升1080米，沿途风光无限，今天的行程相对较短，也是骑行过程的一个疲劳期，为明天的艰苦行程保留体能，同时也感谢雷山兄弟的盛情接待和车友的帮助。

五月十九日第四站

2020年5月19日上午七点钟骑游黔东南第四天途经雷山到榕江，耗时8小时14分钟，骑行141.64千米、累计爬升1239米，翻越黔东南第一高山——雷公山，通过乡村的水泥公路，沿途修建高速公路，路面凹凸不平的泥浆路，骑行难度超过五颗星，终于胜利地完成了骑游黔东南途中的第一个大难关。

雷公山国家级自然保护区

雷公山自然保护区成立于1982年6月，2001年6月晋升为国家级自然保护区，地跨雷山、台江、剑河、榕江4县，总面积70.95万亩，雷公山主峰海拔2178.8米，保护区有各种生物5084种，是以保护林...珍稀濒危野...群...息地为...生态系统...

五月二十日第五站

2020年5月20日上午八点钟骑游黔东南第五天途经榕江到从江，耗时3小时32分钟，骑行78.15千米、累计爬升391米，均速22.07千米/小时，路面起伏，沿途顺都柳江而下，在贵州均速22.07千米/小时。

这是我们的第一次，就只有一个感受：爽、爽、爽歪歪。我爱你（520）榕江、从江。

骑行美文

五月二十一日第六站

2020年5月21日上午八点钟骑游黔东南第六天途经从江到黎平，耗时6小时48分钟，骑行88.63千米（由于黑鸟的问题，拉了很多直线，实际里程应该是过百了），累计爬升1101米，我们在骑行至25千米左右与凯里环黔东南的骑友胜利会师了。

今天穿越了242国道上最长的隧道，共计3957米。我们从上午十点半钟开始雨中骑行一直到黎平就没有停过，加上242国道修路，一路泥泞，很多地方根本无法骑行，我们终于还是胜利的坚持下来了。

五月二十二日第七站

2020年5月22日上午八点钟骑游黔东南第七天，黎平途经锦屏到天柱，耗时8小时13分钟，骑行143.18千米、累计爬升1033米，骑行难度五星。

同时感谢黎平骑友王老师和美利达吴老板大方热情，锦屏骑友小龙的陪骑，天柱小杨的盛情款待。

五月二十三日第八站

2020年5月23日上午七点钟骑游黔东南第八天，天柱途经岑巩到三穗，耗时8小时4分钟，骑行137.98千米、累计爬升1687米。

今天从天柱到岑巩要先经过三穗的款场、桐林等乡镇，我们在三穗的桐林与三穗自行车运动协会的十余位骑友相会了，他们是专程从三穗来桐林为我们带路的，因从桐林到岑巩要走通乡公路，对不熟悉此路段的我们也是一个很大的麻烦，他们的到来为我们提供了巨大的帮助。

在从桐林到岑巩的半程时，我们的金牌后勤潘宏炜也与我们会合了，大家纷纷卸下驮包，交给金牌后勤潘宏炜，像脱缰的野马、离弦的利箭，向目标飞驰而去。

当日下午三点我们和三穗骑友一行赶到岑巩，与我们协会专程从镇远经江古、大岭前来迎接我们三位会员贾朝蓉、邹品明、吴剑会师。

在三穗骑友的精心组织和安排下，我们加上三穗骑友一行20

人于当天下午六点半钟安全抵达三穗。

晚饭在三穗骑友的安排下，一起品尝有名的三穗麻鸭，在此要感谢三穗骑友，感谢金牌后勤潘宏炜，感谢我们三位会员贾朝蓉、邹品明、吴剑。

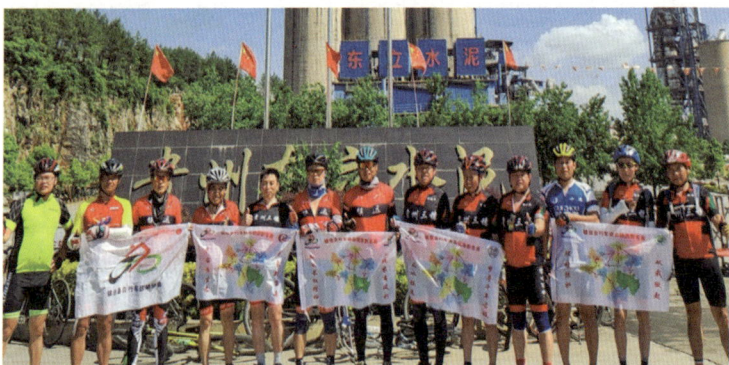

五月二十四日第九站

2020年5月24日上午七点半钟骑游黔东南第九天，也是最后一天，从三穗途经剑河、台江到镇远，耗时7小时31分钟，骑行129.47千米、累计爬升1593米。

从三穗出发，三穗自行车协会姚祖君一路送行至台烈，上午十点半钟到达剑河县城。

经过短暂的休整，再度出发，向台江县进军。沿途再次下起了小雨，于中午十二点半钟抵达台江秀眉广场，与台江车友和镇远自行车协会前来迎接的众多车友会师。

大家在台江补充午餐后再次上路，浩浩荡荡地向镇远进发，台江的四位车友一路相伴到施洞，感谢台江车友的热情送行。

在镇远的古楼坪再次与镇远自行车协会的大批车友会合，于当天下午十八点三十到达镇远，胜利完成了骑游黔东南的计划。

广大车友在南桂缘山庄为骑游黔东南的勇士举行了隆重的欢迎仪式，并共进晚餐，合影留念。

结束语

　　骑游黔东南活动从2020年5月16日启动到2020年5月24日结束，镇远县自行车运动协会一行五人，经历了九天的日晒雨淋，共计骑行了999.85千米，累计爬升11258米，相当于爬了一个珠穆朗玛峰加一个太行山的高度，累计耗时58小时46分钟。

　　成绩的取得是与各位骑友的共同努力和顽强拼搏分不开的，也是与各位骑友的支持和鼓励分不开的，同时感谢沿途各县市自行车协会和骑友的热情接待和陪伴。

　　千言万语汇成一句话，"骑行路上，有你、有我、有大家"。

骑游感怀

冬去春来忘扰丝，

战车除垢试飞驰。

山间碾碎松林雪，

河畔倾听归雁时。

取道乡村寻故旧，

逆风小路辨新枝。

行囊尽扫昨天累，

追梦仙翁未敢迟。

（文章插图皆由作者提供）

【延伸阅读】

镇远古城距今已有近两千三百年历史，至今仍保存有古建筑、古城垣、古墓葬、古关隘、古驿道、古桥梁、古码头、占巷道、古泉井、古民居等200多处，可谓由名胜古迹集成的"传统文化迷宫""中国山地贴崖建筑文化博物馆"，其建筑风格为青砖黛瓦、高封火墙、飞檐翘角、雕梁画栋，每一块青石板、每一块青砖都记载着历史印记，诉说着千年沧桑，镇远古城是黔东南州第一个国家5A级旅游景区。

 镇远自行车协会骑游黔东南

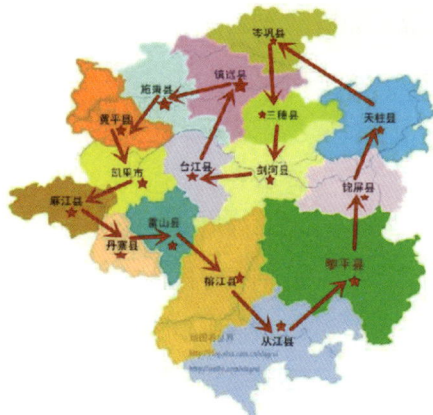

镇远自行车协会／供图

王昌乾／供图

第七章

"醉美贵州"之骑行组织介绍

万世仙／供图

贵州陆正虎文化传播有限公司

贵州陆正虎文化传播有限公司是一家专业体育赛事服务公司，一直致力于体育赛事策划、赛事营销、赛事转播、赛事电子计时服务、赛道建设运营，专职策划推广自行车各类专业赛事。

成立至今，已成功策划各类不同级别，不同类型的自行车赛事及活动，2017—2020年独家运营执行"多彩贵州"自行车联赛，凭借多年的赛事、活动组织、策划的积淀，多次获得贵州省颁发的先进单位称号；在2014年在全国俱乐部评选中被评为全国优秀俱乐部；"多彩贵州"自行车联赛2019年被评为中国十佳体育旅游精品赛事。

陆正虎体育

贵州山地自行车队

贵州山地自行车队，是由贵州省体育局与贵州轮迹自行车运动俱乐部，共同探索专业队俱乐部共建的模式而成立的贵州首支专业山地自行车队。

车队由"贵州车王"——陆正虎担任总教练，易健担任执行教练，队员有米久江、陈科宇、王仁涛、杨晶杰、向明豪、黄丽等。

自成立以来，车队始终保持着良好的精神风貌，多次在全国大赛中取得不俗成绩，在2021年全运会取得了一金一铜的佳绩，希望在以后的比赛中能再添荣誉，为贵州争光！

贵州省山地户外运动管理中心／供图

贵州帕拉丁骑行俱乐部

贵州帕拉丁骑行俱乐部，成立于2013年，依托于贵阳市花溪捷安特自行车专卖店，从一开始寥寥无几的几个人，发展到现在的一千余人。骑友涵盖了各个行业领域的爱好者，年龄最大的80岁以上，最小的15岁。旨在通过组织骑行活动，以"我骑行，我健康，我快乐"为主题，倡导"绿色、健康、快乐、自由"的生活方式，崇尚"自然、和谐、真诚、友爱"的人文精神，在运动中享受生活。

俱乐部组建以来，累计骑行数十万千米。组织骑游，参与比赛与大小活动近四百次。以"4+2"出行方式探访西南古镇，环青海湖，318川藏线，环海南岛，环洱海等。骑上单车畅游祖国的大江南北，是我们共同的梦想。

帕拉丁骑行俱乐部不光在组织骑行活动中做出应做的贡献，还致力于推动全民健身，业余自行车运动发展和自行车体育旅游事业发展及推广，普及骑行技巧及自我骑行安全保护意识，并提供自行车维护和后勤保障工作。

帕拉丁骑行俱乐部致力于打造城市休闲生活的另一种方式，带领更多爱好单车的骑友感受自然美景，体验更多骑行旅游的乐趣，为更好的俱乐部发展而前行。

帕拉丁骑行俱乐部联系人：李南

联系电话：18984091226

贵州帕拉丁骑行俱乐部／供图

Seers(西尔士) 自行车俱乐部

以发展自行车运动，传播自行车文化为宗旨的西尔士俱乐部成立于2014年6月，现有工作人员10名，俱乐部成员580人。

截至目前，俱乐部先后组织和参与了多个国内、省内的大型自行车运动为主的赛事活动。以赛事为抓手，以店铺为依托，希望能在更好地普及自行车这项运动的同时，为国家、为地方培养优秀的专业人才。

Seers（西尔士）俱乐部联系人：田蕾

联系电话：13908512563

Seers（西尔士）自行车俱乐部 / 供图

▶ 福泉自行车运动协会

福泉自行车运动协会成立于2014年，自成立以来，吸引了众多骑行爱好者的加入。

为不辜负大家的厚爱，多年来，协会按照"远近结合、难易搭配"的原则组织各类骑行活动，得到广大骑友的支持。在此基础上，协会还组织部分骑友参加比赛，进一步提升了骑友们的骑行水平，以及协会的影响力、社会美誉度。

随着个人能力的提升，以及团队默契程度的提高，协会开始着手计划带骑友们走出福泉。据悉，近年来，协会已陆续组织骑行省内外、西藏拉萨、新疆独库公路等具有挑战意义的骑行活动，在丰富骑友们骑行线路的同时，进一步锻炼骑友们的骑行意志、提升骑行水平。

福泉自行车协会联系人：陈正

联系电话：13385183046

福泉自行车协会／供图

镇远县自行车运动协会

镇远县自行车运动协会成立于2013年，是2015年4月经业务主管部门镇远县文体广电旅游局同意，行业管理部门镇远县民政局审批同意成立的一个非营利性公益组织；现有会员70余人，有国家级运动健将1人（米久江），国家一级运动员2人（潘伯坤、杨晶杰），国家二级裁判3人，国家三级裁判2人，三级社会组织指导员5人（教练员）。

2018年6月5日世界环境日，协会被镇远县人民政府聘为环保志愿者协会，凡加入协会人员均为环保志愿者。

2018年6月17日成功举办了"中国·贵州·镇远山地自行车比赛"。

近年来，在有关部门的大力支持和帮助下，协会在发展地方自行车运动事业、弘扬自行车运动精神、推广全民健身、倡导"积极、健康、绿色、快乐"的生活方式、崇尚"自然、和谐、真诚、友爱"的人文精神等方面做了大量工作。

镇远县自行车运动协会联系人：田俊

联系电话：13985841523

镇远县自行车运动协会／供图

智骑翔摩托车体验店（师大店）

智骑翔摩托车体验店（师大店），位于贵州省贵阳市云岩区宝山北路217号。

作为一家新加盟店，目前主要以二手摩托车交易和售后为主。店家业余充当导游的角色，为外地慕名前来贵州骑行的骑友提供咨询服务、线路导航等。随着贵州骑行氛围渐浓，店家计划围绕骑行成立一家俱乐部，做专业的摩旅业务。

智骑翔摩托车体验店（师大店）联系人：徐佳玥

联系电话：13985497733

智骑翔店／供图

遵义市自行车运动协会

遵义市自行车运动协会成立于2006年8月，是由遵义市自行车爱好者自发组成的，依法经遵义市民政局注册的，非营利性的公益组织。目前协会有400多名会员，是贵州省成立的第一个自行车运动协会，成立后举办了贵州省第一场自行车赛。

协会自成立以来，积极响应国家"发展体育运动，增强人民体质"和"全民健身"的号召，全方位宣传发动和指导我市自行车运动的开展。十五年来，一直坚持发展全民健身组织周末骑行活动，每次骑行有领队、押队、技师、安全员、保障车等为周末骑行活动保驾护航。

骑行活动吸引了越来越多自行车迷的参与，基于此，协会率先启动青少年自行车队员选拔和培训，陆续培养了不少有潜力的自行车运动员，迄今为止，已为各省队输送了10多名从事专业骑行运动的好苗子。

2013年协会组建了贵州省第一支洲际自行车队，参加了国际很多顶级自行车赛事。协会还多次承办、协办了遵义周边的自行车赛事，特别是承办了多届全国唯一的三日自行车越野赛——"中国茶海山地自行车赛"。该赛事从赛道的勘测、赛事的策划、组织运动员报名、裁判员工作、运动员转场等均由协会负责，在骑行圈享有盛誉，得到骑友们的一致好评。

有了"多彩贵州"的强势崛起作航标，有了"红色遵义"的长征精神作传承，有了黔北地区"川黔渝经济圈"作为后盾，有了多年成功赛事的群众基础，遵义市自行车运动协会正向着更高、更快、更强的方向发展。

遵义市自行车运动协会／供图

遵义市自行车运动协会联系人：陈万伟

联系电话：13985637888

▶ 开阳村长户外俱乐部

开阳村长户外俱乐部致力于骑行、跑步、游泳、皮划艇、露营、登山、徒步、溜索和攀岩等户外运动项目。创始人为杨春政和陈良斌。

杨春政（绰号"村长"），毕业于遵义医科大学社会体育专业，从小与体育结缘，在校期间就参加了各类赛事，2012年接触铁人三项赛及山地户外赛事，擅长综合类户外技能竞技。陈良斌（绰号"阿斌"），退伍军人，2010年从事自行车运动行业，现为省自行车二级裁判员。参加过全国多场自行车赛事，屡获殊荣。

开阳村长户外俱乐部联系人：杨春政

联系电话：15120183467

开阳村长户外俱乐部／供图

开阳村长户外俱乐部／供图

贵州工业职业技术学院山地自行车队

贵州工业职业技术学院山地自行车队于2019年5月组建。截至目前，车队先后代表学院参加了多次包括"多彩贵州自行车联赛""中国山地自行车联赛""全国山地自行车锦标赛暨全国青少年山地自行车锦标赛"等在内的比赛项目，并取得不俗成绩，队员陈科宇更因比赛成绩斐然获得国家一级运动员证书。

在继续培养优秀选手为省、为国争光的同时，该车队也始终恪守创办初衷，在运动中彰显工职院学子"忠诚坚定、阳光自信、身手敏捷、体魄健康、团结协作、血性担当"的二十四字学子品格。

贵州工业职业技术学院山地自行车队联系人：邹昆

联系电话：15285520882

贵州工业职业技术学院山地自行车队／供图

▶ 玉屏侗族自治县自行车运动协会

玉屏侗族自治县自行车运动协会，是由玉屏县自行车爱好者自愿组建的团体，成立于2014年，旨在为自行车爱好者提供一个提高、交流、娱乐平台的同时，在大众中推广自行车运动及其文化。

经过多年发展，协会队伍逐步壮大，至今已有200余名协会成员。协会的活动主要包括休闲骑行、骑行赛事等，其中，休闲骑行成员以业余骑行爱好者为主。截至目前，已先后观赏及挑战了周边的所有路线，极大地丰富了协会成员的生活，锻炼和磨砺了会员们的体质和意志，开阔视野，放松身心，放飞心情；在赛事方面，通过培养运动员，并组织参加玉屏县政府举办的多彩贵州自行车联赛，不少运动员都取得了优异的成绩。

玉屏侗族自治县自行车运动协会联系人：甘发文

联系电话：18985331289

玉屏侗族自治县运动车协会／供图

▶ 铜仁市自行车运动协会

相较于其他自行车运动协会，铜仁市自行车运动协会属于"新丁"，但这并不妨碍铜仁市自行车运动的发展。早在协会成立前，铜仁的自行车爱好者就已组织并参加各类骑行活动、赛事。协会现已有会员90人，在2020年环梵净山公路自行车赛、贵州省第十届运动会群众项目山地自行车越野赛上，都能见到协会成员的身影。

铜仁自行车运动协会联系人：吴宇

联系电话：13885685503

铜仁自行车运动协会／供图

贵州省 108 车队

　　贵州省108车队成立于2015年5月，现有队员130余人。随着队伍的日益壮大，车队不仅竞选出竞赛队长专门负责比赛工作，使车队的组织结构更加健全合理，极大地促进了车队的发展，还以自行车运动为载体，参与社会公益活动，搞好环保宣传工作，实现了新突破。

　　五年来，车队在省内各自行车赛事中顽强拼搏，取得不俗成绩，积累了丰富的参赛经验，在让队员感受到比赛的热情、技术得到迅猛提升的同时，也为遵义市自行车运动争了光。

　　贵州省108车队联系人：王俭

　　联系电话：18085236441

贵州省 108 车队／供图

凯里市自行车运动协会

凯里市自行车运动协会，成立于2011年，是由当地热爱自行车运动的个人、机关、企事业单位和有关部门联合组成的群众性体育社团。经过四年多的发展，协会目前已有会员一千余名。全体协会成员共同努力，大力发展自行车运动，不仅积极组织各类骑行活动，自发筹备、参与社会公益活动，还先后多次组织山地自行车赛事和大型体育旅游活动。

在发展地方自行车运动事业、弘扬自行车运动精神、推广全民健身、倡导"积极、健康、自由、快乐"的生活方式，以及崇尚"自然、和谐、真诚、友爱"的人文精神和宣传旅游等方面发挥了积极作用。

协会及所属各俱乐部、专卖店、车队以及会员单位等本着"参与、团结、健身、进步"的宗旨，每年组织大大小小的骑行活动及赛事120余次，参加活动一万三千余人次。在安全第一的前提下，各项活动做到了竞赛、健身、娱乐与休闲的统一，为推进凯里市自行车运动事业的发展做出了应有贡献。

凯里市自行车运动协会联系人：项祥

联系电话：13017013570

凯里市自行车运动协会 / 供图

石阡县自行车运动协会

　　石阡县自行车运动协会成立于2013年，历经两届理事会，现有会员80余人。协会成立以来，始终致力于响应国家关于"发展体育运动，增强人民体质"以及"全民健身"的号召。在持续组织广大自行车运动爱好者开展日常骑行健身、参加自行车竞赛、推动石阡县自行车运动事业发展的同时，协会还热心公益事业，积极投身石阡县禁毒、反邪宣传等活动中。为了充分体现协会风采，还创作了会歌《我骑行，我快乐》。

　　石阡县自行车运动协会联系人：王斌

　　联系电话：13379641234

—后记—

感谢每一位翻阅到此的朋友。

当您看到这一页的时候，我们衷心希望，您的贵州骑行之旅即将开始。

实话实说，《骑行贵州》的编撰不是件容易的事，突如其来的疫情打乱了全盘计划。原本我们是打算通过自己骑行体验加上骑友推荐的方式，来呈现骑行贵州的乐趣、惊险、刺激，最后出于防疫考虑，不得不选择线上采访、收集资料的方式。

遗憾确实有，但感动更多。

首先，是贵州省体育局的大力支持。面对疫情带来的影响，省体育局给予编制小组充分的理解，并提供各种帮助，让我们感动不已；其次，是本地资深骑友的大力支持。在了解我们在进行《骑行贵州》的编撰工作时，不少骑行协会的负责人都很热情地提供图文资料，分享骑行故事。

还有铜仁市委宣传部、铜仁市文体广电旅游局、安顺市西秀区文体广电旅游局、赤水市网信办、赤水市文体旅游局等单位的相关人士，虽然彼此素未谋面，但因为《骑行贵州》，大家都积极地提供了大量的帮助。

此外，还有无法一一提名，但仍主动支援这本书创作的朋友们。

所以，这是一本有温度的书。书里蕴藏着贵州骑行的无限可能，饱含了大家对骑行贵州的真诚热爱，当然还有殷切的期待。

作为全国体育旅游示范区，贵州的骑行资源向来被骑友们津津乐道。山多、弯多、坡多、景多、村寨多、民族民俗多……单独拎一个出来，已经足够吸引人；红色文化游、康体养生游、民族文化游……不同的目的地，带来不同的体验。

通过骑行的方式深入村寨、林地，探访奇峰、幽洞，走别人不曾走过的路，看别人未曾看过的风景，这样的诗与远方，难道不是更有意义吗？

这也是省体育局花大力气出版这本《骑行贵州》的目的所在——推荐一种全新的旅游方式，让各位游客能亲身体验多彩的贵州、独特的贵州、百变的贵州；更是提倡一种健康的生活方式，希望各位在骑行的旅途中同时收获精神与身体的丰盈和满足。

如果碰巧您是一位骑行爱好者，碰巧您还没到过贵州，那么，不妨赶紧安排上贵州的骑行之旅。春赏花、夏避暑、秋风情、冬康养，在贵州，一年四季皆可骑行，看不同风景、品味不同旅途。用骑行探寻巍峨山川，借车轮历览绚丽河谷。

最后的最后，再次感谢每一位为《骑行贵州》付出的认识、不认识的好心人。因为你们的大力支持，《骑行贵州》终于完成。未来我们还会不断完善、补充，以期随时为大家呈上骑行贵州的最新亮点与精彩。

阅读到此，请收下我们的感谢。愿这本书能让您对骑行贵州产生兴趣、充满好奇。

我们期待着您的骑行故事。

我们在贵州等您!